T0268599

Le monde en français
French B
for the IB Diploma
Workbook

SECOND EDITION

Ann Abrioux, Pascale Chrétien, Nathalie Fayaud

CAMBRIDGE
UNIVERSITY PRESS

Shaftesbury Road, Cambridge CB2 8EA, United Kingdom

One Liberty Plaza, 20th Floor, New York, NY 10006, USA

477 Williamstown Road, Port Melbourne, VIC 3207, Australia

314–321, 3rd Floor, Plot 3, Splendor Forum, Jasola District Centre, New Delhi – 110025, India

103 Penang Road, #05-06/07, Visioncrest Commercial, Singapore 238467

Cambridge University Press is part of the University of Cambridge.

It furthers the University's mission by disseminating knowledge in the pursuit of education, learning and research at the highest international levels of excellence.

www.cambridge.org

Information on this title: www.cambridge.org/9781108440561

© Cambridge University Press & Assessment 2018

First published 2018

20 19 18 17 16 15 14 13 12 11 10 9

Printed in the Netherlands by Wilco BV

A catalogue record for this publication is available from the British Library

ISBN 978-1-108-44056-1 Paperback

Table des matières

1 Identités

1.1 Je suis, tu es, nous sommes

De quelle façon exprimons-nous notre identité ?

Qui êtes-vous ?

1 Activité lexicale

On se présente

adolescent(e)	majeur(e)	célibataire	marié(e)
adulte	trentenaire	divorcé(e)	pacsé(e)
dans la force de l'âge	quadragénaire	en concubinage	père / mère de famille
enfant	un / une senior		
mineur(e)	une personne âgée	en couple	sans enfant
		en union libre	veuf / veuve
droitier / droitière	gaucher / gauchère	fiancé(e)	
aveugle / non–voyant(e)	malvoyant(e)	immigré(e)	réfugié(e)
		issu(e) de l'immigration	
handicapé(e)	muet(te)		
malentendant(e)	sourd(e)		
		bénévole	employé(e)
athée	juif / juive	collégien(ne)	étudiant(e)
bouddhiste	musulman(e)		
chrétien(ne)	orthodoxe	demandeur / demandeuse d'emploi	lycéen(ne)
hindou(e)			
		écolier / écolière	retraité(e)
anarchiste	de gauche		
apolitique	monarchiste		
communiste	républicain(e)		
de droite	socialiste		

Complétez les phrases suivantes en utilisant la liste de vocabulaire donnée et en faisant les accords en genre et en nombre si nécessaire.

Exemple : J'ai moins de 18 ans, je suis ....*mineur(e)*............ .

a J'écris de la main droite, je suis ....

b J'ai été marié, mais ma femme et moi, nous nous sommes séparés, je suis ....

c Pendant mon temps libre, je travaille pour une association caritative, je suis ....

d Je n'ai pas de religion, je suis ....

e J'ai perdu la vue, je suis ....

f Je viens d'avoir 32 ans, je suis ....

g Je suis en train de préparer le diplôme de l'IB, je suis ....

h J'habite en Belgique mais ce n'est pas mon pays d'origine, je suis ....

i Je suis à la recherche d'un emploi, je suis ....

j J'ai 16 ans, on dit que c'est l'âge ingrat, je suis ....

k Je vais bientôt me marier avec Paul, je suis ....

l Je travaille pour une entreprise de produits chimiques, je suis ....

De quel pays êtes-vous ?

2 Grammaire en contexte

Les adjectifs possessifs

1 Observez les adjectifs possessifs utilisés dans le témoignage de Mai Lam Nguyen-Conan (voir unité 1.1, activité 12 dans le manuel) et remplissez la grille suivante.

	....	féminin singulier	....	....
Adjectif possessif à la 1ère personne du singulier	mon parcours	.... nationalité	mon arrivée	mes camarades

2 Remplissez maintenant le reste de la grille en donnant vos propres exemples.

	masculin singulier	féminin singulier	féminin singulier devant un nom commençant par une voyelle ou un *h*	masculin et féminin pluriel
2ᵉ personne du singulier	....	....	**ton** expérience	....
3ᵉ personne du singulier	....	....	....	**ses** origines
1ᵉʳᵉ personne du pluriel	**notre** univers	....	....	....
2ᵉ personne du pluriel	....	**votre** différence	....	....
3ᵉ personne du pluriel	....	....	....	**leurs** racines

3 Complétez les phrases en utilisant les adjectifs possessifs appropriés.

a Je ne pourrais pas choisir entre ....*mes*........ deux cultures. C'est comme si on me demandait de choisir entre .... mère et .... père.

b Les lycéens vivent dans .... deux univers culturels sans difficulté. Par exemple, ils prennent .... déjeuner français à la cantine et, le soir, ... parents leur servent des spécialités chinoises.

c Vincent dit que le Pérou, ... atmosphère, ... nourriture et .... climat lui manquent beaucoup quand il est en France.

d Depuis que vous êtes arrivés en Allemagne, vous parlez allemand avec .... amis mais vous parlez toujours français avec .... famille.

e Tu as de la chance, Sarah, ... double culture et .... ouverture d'esprit sont une richesse que beaucoup de .... amis n'ont pas.

f Quand nous sommes rentrés en Russie, nous avions oublié comment parler russe : nous cherchions .... mots et .... amie, Masha, se moquait de nous !

Les pronoms possessifs

1 Observez la grille ci-dessous et remplissez les blancs.

	Singulier		Pluriel	
	Masculin	Féminin	Masculin	Féminin
1ᵉʳᵉ personne du singulier	le mien	....	....	....
2ᵉ personne du singulier	....	....	....	les tiennes
3ᵉ personne du singulier	....	la sienne	....	....
1ᵉʳᵉ personne du pluriel	....	....	les nôtres	
2ᵉ personne du pluriel	le vôtre	....	....	
3ᵉ personne du pluriel	....	la leur	....	

2 Complétez les phrases en cochant le pronom possessif qui convient.

Exemple : Ses parents sont chinois,

le mien ☐   la mienne ☐   les miens ☑   sont portugais.

a Ma langue maternelle est le français,

le vôtre ☐   la vôtre ☐   les vôtres ☐   est l'espagnol.

b Son plat préféré a toujours été les moules-frites,

le mien ☐   la mienne ☐   les miens ☐   est le cassoulet.

c Vos parents parlent couramment deux langues,

le sien ☐   les siennes ☐   les siens ☐   parlent seulement anglais.

d Notre culture provient du Mali et de la Belgique,

le leur ☐   la leur ☐   les leurs ☐   provient du Canada et de Haïti.

e Notre différence est parfois mal perçue par les gens du village,

le tien ☐   la tienne ☐   les tiennes ☐   suscite beaucoup de curiosité.

3 Grammaire en contexte

Les adjectifs démonstratifs

1 Observez les adjectifs démonstratifs utilisés dans le témoignage de Madjid Si Hocine
(voir unité 1.1, activité 14 dans le manuel) et remplissez la grille suivante.

....	féminin singulier	....	....
ce pays	.... culture	.... espoir	ces discours

2 Complétez le dialogue avec les adjectifs démonstratifs appropriés.

— Salut Daniel, tu fais quoi à la rentrée finalement ?

— .... année, on déménage, on retourne en Italie, le pays de ma mère.

— Ah ! Formidable ! Tu parles italien ?

— Pas trop mal. .... langue est vraiment difficile, mais
.... derniers mois, je me suis efforcé de beaucoup pratiquer.
Et toi, tu fais quoi .... été ? Il faut vraiment qu'on aille dans
.... délicieux restaurant français avant mon départ !

— Bien sûr ! Quel bon restaurant ! Toutes .... pâtisseries, tous
.... fromages et .... accueil formidable !
Ça va sûrement te manquer !

— Ne m'en parle pas ! .... endroit est unique au monde ! Allez, à plus !
Passe-moi un coup de fil !

Les pronoms démonstratifs

1 Observez, puis complétez la grille.

Singulier		....	
Masculin	....	....	Féminin
....	celle	ceux	....
....	celle-ci / celle-là	ceux-ci / ceux-là	....

2 Complétez les phrases avec le pronom démonstratif approprié.

Exemple : La littérature anglaise, c'est ....*celle*........ que je préfère.

a L'anglais n'est pas ma langue maternelle, c'est .... de mon père.

b Je mange de délicieux plats traditionnels chez moi, ... du restaurant sont toujours trop salés.

c J'ai habité beaucoup de pays mais .... que j'ai le plus aimé, c'est le Japon.

d J'ai deux cultures et je ne pourrais pas vous dire .... qui est la plus importante pour moi.

e Cela ne m'a pas dérangé de retourner vivre en Pologne. .... qui ont eu le plus de mal sont mes sœurs aînées qui ont dû quitter leurs amies.

4 Activité écrite

Un article

À l'occasion de la Journée mondiale de la diversité, vous rédigez un article pour le magazine de votre école dans lequel vous répondez à la question : « Comment bien vivre avec une double culture ou une double nationalité » ?

1 Avant la rédaction de l'article, choisissez les bonnes réponses. Cochez toutes les réponses possibles.

a De quoi allez-vous parler dans cet article ?

A De vos dernières vacances au Canada

B Des avantages et des inconvénients d'avoir une double culture

C Des avantages et des inconvénients de l'immigration dans votre pays

D De la richesse que vous apporte le fait d'avoir une double culture

b Quel titre allez-vous donner à cet article ?

A Chers lecteurs,

B Avoir une double nationalité, comment bien le vivre ?

C Je suis chilienne et suisse, et tout va bien !

D Coucou Catherine !

c   Qu'allez-vous utiliser pour structurer vos idées ?

    A Des photos ☐

    B Des intertitres ☐

    C Des citations ☐

    D Des mots de liaison (tout d'abord, ensuite…) ☐

d   Comment allez-vous introduire le sujet de votre article ?

    A Saviez-vous qu'actuellement en France près de 3 millions de personnes ont deux nationalités ? ☐

    B Que faut-il faire pour obtenir une double nationalité ? ☐

    C Avoir deux cultures, c'est une chance inouïe pour beaucoup d'entre nous. ☐

    D Salut à tous ! ☐

e   Avec quels éléments allez-vous illustrer vos propos ?

    A Ce n'est pas nécessaire d'illustrer ses propos dans un article. ☐

    B Des statistiques ☐

    C Des informations sous forme de liste ☐

    D Des exemples ☐

f   Comment allez-vous conclure votre article ?

    A Même si on est parfois tiraillé entre ces deux cultures, on en ressort plus ouvert d'esprit. ☐

    B Grosses bises à tous. ☐

    C N'oublions pas que c'est une richesse d'avoir une double nationalité. ☐

    D Veuillez agréer, Madame, mes sincères salutations. ☐

g   Quels autres éléments pourriez-vous ajouter à votre article ?

    A Une photo légendée ☐

    B Des émoticônes ☐

    C Le nom du /de la journaliste ☐

    D Un espace pour les commentaires des lecteurs ☐

    E La date ☐

    F Le nom du journal ☐

    G L'objet de l'article ☐

    H Un registre familier ☐

2 Rédigez un article de 250 à 400 mots pour les élèves de niveau moyen et de 450 à 600 mots pour les élèves de niveau supérieur.

Après avoir rédigé votre texte, servez-vous de la liste de vérification 1B au chapitre 6 du manuel pour vous assurer que vous avez utilisé tous les éléments nécessaires à la réalisation de l'article.

1.2 Vivre autrement

Comment notre identité peut-elle se distinguer de celle des autres ?

Aspirations

1 Activité lexicale

Le conformisme et la marginalité

1 Complétez le tableau suivant.

Nom (phénomène)	Nom (personne)	Adjectif	Verbe	Adverbe
le conformisme	....	....	....	....
la marginalité	....	....	....	....

2 Classez les mots suivants dans la bonne catégorie.

un(e) anar	un mouton
un aventurier / une aventurière	un(e) original(e)
un(e) contestataire	un(e) pantouflard(e)
un(e) excentrique	un suiveur / une suiveuse
un(e) hurluberlu(e)	un(e) traditionaliste

un(e) conformiste	un(e) marginal(e)
....	....
....	....
....	....
....	....
....	....
....	....

3 Classez les expressions suivantes dans la bonne catégorie.

avoir une vie pépère	rentrer dans le moule
changer de cap	repartir de zéro
être attaché(e) aux conventions	suivre un parcours classique
faire table rase du passé	tourner le dos à quelque chose
prendre un nouveau virage	tout plaquer

se conformer	changer de vie
....	....
....	....
....	....
....	....
....	....

Choisir une autre vie

2 Grammaire en contexte

Les verbes en -er avec des particularités orthographiques au présent de l'indicatif

1 Indiquez pour chaque phrase l'infinitif des verbes soulignés. Que remarquez-vous ?

a On possède de plus en plus de choses matérielles. ....

b Elle achète les derniers appareils à la mode. ....

c Il rejette la surconsommation. ....

d Nous nous efforçons d'afficher notre réussite. ....

e Nous changeons de smartphone tous les ans. ....

f J'essaie de ne pas suivre les étapes que la société nous impose. ....

g Il envoie des candidatures à l'étranger car il rêve de s'expatrier. ....

Verbes	Particularités orthographiques
Verbes en *-ger* bouger nager changer partager déménager ranger diriger voyager engager etc. manger	Pour garder la prononciation, la terminaison de la 1ère personne du pluriel (nous) s'écrit **-geons**. Nous bou**geons**
Verbes en *-cer* avancer lancer commencer placer déplacer prononcer effacer remplacer s'efforcer etc. forcer	Pour garder la prononciation, la terminaison de la 1ère personne du pluriel (nous) s'écrit **-çons**. Nous avan**çons**
Verbes en *-oyer* ou *-uyer* appuyer renvoyer employer tutoyer (s')ennuyer vouvoyer envoyer etc. essuyer nettoyer	Le *y* est remplacé par un **i** devant les finales muettes : je, tu, il(s), elle(s), on J'appu**i**e Tu appu**i**es Il / Elle / On appu**i**e Nous appuyons Vous appuyez Ils / Elles appu**i**ent

Verbes en *-ayer*
balayer
effrayer
essayer
payer
etc.
	Deux formes possibles :
	1 pas de changement
	    Je paye
	    Tu payes
	    Il / Elle / On paye
	    Nous payons
	    Vous payez
	    Ils / Elles payent
	2 Le *y* est remplacé par un **i** devant les finales muettes : je, tu, il(s), elle(s), on
	    Je pa**i**e
	    Tu pa**i**es
	    Il / Elle / On pa**i**e
	    Nous payons
	    Vous payez
	    Ils / Elles pa**i**ent

appeler		Consonne double devant les finales muettes : je, tu, il(s), elle(s), on
jeter		Je je**tt**e
rejeter		Tu je**tt**es
		Il / Elle / On je**tt**e
		Nous jetons
		Vous jetez
		Ils / Elles je**tt**ent
acheter	posséder	Accent grave devant les finales muettes : je, tu, il(s), elle(s), on
célébrer	préférer	J'ach**è**te
compléter	protéger	Tu ach**è**tes
emmener	refléter	Il / Elle / On ach**è**te
espérer	répéter	Nous achetons
exagérer	suggérer	Vous achetez
(s')inquiéter	tolérer	Ils / Elles ach**è**tent
(se) lever	etc.	
mener		

2 Conjuguez les verbes entre parenthèses au présent de l'indicatif.

a Nous ne .... (*partager*) pas tous les mêmes valeurs.

b Nous .... (*avancer*) plus lentement que prévu, mais nous comptons tout de même réaliser notre projet.

c Pour le moment, tu .... (*mener*) une vie de bohème, mais crois-moi mon fils, tu le regretteras dans quelques années.

d Mon boulot m'............................... (*ennuyer*), mes collègues ne sont pas sympa, mon patron est un incapable : je me demande vraiment pourquoi je fais ce travail.

e Si tu .... (*essayer*) de modifier tes habitudes de consommation, tu verras rapidement que tu n'as pas besoin de tant de choses.

f C'est décidé : nous .... (*déménager*) en Nouvelle-Zélande le mois prochain !

g Nous avons tout laissé derrière nous et nous .... (*commencer*) maintenant une nouvelle vie !

h Mes parents me .... (*répéter*) toujours qu'il faut que je suive leurs traces.

i Je .... (*payer*) mon loyer, je rembourse mes crédits : est-ce à cela que la vie se résume ?

j Tu .... (*acheter*), tu .... (*jeter*) et puis tu recommences : voilà comment notre société fonctionne.

k Tu m'............................... (*envoyer*) régulièrement des photos de ton voyage autour du monde, d'accord ?

l Mon mode de vie .... (*refléter*) mes valeurs.

m Depuis que j'ai changé de vie, je sais pourquoi je .... (*se lever*) tous les matins.

n Nous .... (*voyager*) en Amérique du Sud depuis six mois et n'avons pas l'intention de rentrer chez nous de sitôt.

o Il .... (*espérer*) obtenir un CDI, mais c'est assez rare de nos jours.

p J'ai l'intention de laisser tomber mes études d'ingénieur pour faire une formation en herboristerie, mais mes parents n'............................... (*appuyer*) pas cette démarche.

q Il y a des gens qui osent dire adieu au confort matériel, mais personnellement, cela m'............................... (*effrayer*).

r Je n'en peux vraiment plus de la vie en ville : les grands espaces m'............................... (*appeler*).

s Nous .... (*se lancer*) dans cette nouvelle aventure sans vraiment savoir ce qui nous attend.

Le tour du monde sans argent

3 Grammaire en contexte

Le gérondif

Lisez le texte suivant. Observez les mots soulignés puis repérez cette structure grammaticale dans le reste du texte. Qu'est-ce que cette structure permet d'exprimer ?

L'aventurière fauchée

Foire aux questions

– Faire le tour du monde sans argent, est-ce possible ?

– Oui, par exemple <u>en ne prenant pas</u> l'avion et en n'achetant pas de nourriture.

– Mais comment fais-tu pour manger alors ?

– En récupérant la nourriture invendue sur les marchés à la fin de la journée, je trouve toujours assez d'ingrédients pour me cuisiner un bon repas.

– Quelles sont les difficultés que tu rencontres ?

– En voyageant sans argent, on consacre beaucoup d'énergie à trouver des solutions à des problèmes de base comme où dormir, quoi manger, etc. À la longue, c'est très fatigant ! Je me souviens par exemple qu'en rentrant de Norvège, j'ai dormi presque une semaine tellement j'étais épuisée.

– Pourquoi as-tu choisi d'écrire un blog ?

– L'idée d'écrire un blog en voyageant m'est venue très tôt. Nous sommes plusieurs à rêver d'une vie plus simple et avec mon blog, je veux montrer que c'est possible.

D'après le blog : *laventurierefauchee.com*

Formation du gérondif

en + participe présent

Le participe présent se forme à partir du radical de la 1ère personne du pluriel au présent de l'indicatif + *ant*.

Prendre : nous pren~~ons~~ → *prenant*

Acheter : nous achet~~ons~~ → *achetant*

Formez le participe présent des verbes suivants :

Voyager : ....   Récupérer : ....   Rentrer : ....

Exceptions

Avoir : *ayant*   Être : *étant*   Savoir : *sachant*

Emploi

Le gérondif peut exprimer :

* La simultanéité de deux actions

  Exemple : *L'idée d'écrire un blog en voyageant m'est venue très tôt.*

* La manière ou le moyen

  Exemple : *En récupérant la nourriture invendue, je peux cuisiner un bon repas.*

  À noter : les deux actions doivent être réalisées par le même sujet :

  Exemple : *En récupérant la nourriture invendue, je peux cuisiner un bon repas.* = **Je** *récupère la nourriture invendue et* **je** *peux cuisiner un bon repas.*

* La condition

  Exemple : **On** *peut voyager sans argent en ne prenant pas l'avion.* = **On** *peut voyager sans argent si* **on** *ne prend pas l'avion.*

* Le moment

  Exemple : *En rentrant de Norvège, j'étais épuisée.* = *Quand* **je** *suis rentrée de Norvège, j'étais épuisée.*

1 Cochez la reformulation correcte.

En rentrant de Norvège, mes parents étaient heureux de me retrouver.

Quand **je** suis rentrée de Norvège, **mes parents** étaient heureux de me retrouver.   ☐

Quand **ils** sont rentrés de Norvège, **mes parents** étaient heureux de me retrouver.   ☐

2 Complétez les phrases avec le gérondif des verbes entre parenthèses.

a – Depuis combien de temps voyages-tu ?

– .... (*compter*) ma traversée de l'Europe et mon début de tour du monde, je voyage depuis près de deux ans.

b – Comment fais-tu pour dormir ? Tu ne vas jamais à l'hôtel ou dans une auberge de jeunesse ?

– Je n'aime pas le côté impersonnel des hôtels. .... (*dormir*) chez l'habitant, je peux faire des rencontres et découvrir le mode de vie des gens.

c – Comment fais-tu pour te déplacer ?

– Sur la route je privilégie l'auto-stop. Mais j'ai aussi traversé l'Atlantique gratuitement .... (*travailler*) sur le bateau.

d – Comment fais-tu pour les produits d'hygiène ?

– Je fabrique moi-même mon dentifrice et mon savon .... (*suivre*) des recettes trouvées sur Internet.

   e   – N'as-tu pas peur de voyager seule en tant que femme ?

      – C'est sans doute la question qu'on me pose le plus souvent ! Oui, parfois j'ai peur, mais globalement je suis confiante. .... (*être*) attentif à son environnement, on peut reconnaître les dangers et les éviter.

   f   – N'as-tu pas l'impression de profiter des gens ?

      – En tant que Suissesse blanche qui voyage dans des pays en voie de développement, il est vrai que je me suis posé cette question. Mais honnêtement, je ne connais personne qui se soit senti abusé .... (*m'accueillir*). Dans un esprit de partage, j'essaie toujours d'offrir quelque chose en retour.

   g   – Comment gères-tu la barrière de la langue ?

      – Au début de mon voyage, je ne parlais que français, alors j'ai très souvent été frustrée. J'ai acheté des dictionnaires de conversation et franchement, ces bouquins m'ont sauvé la vie ! .... (*avoir*) des bases d'anglais et d'espagnol, je peux maintenant mieux entrer en relation avec les gens que je rencontre.

   h   – Quel pays as-tu préféré ?

      – C'est dur de répondre à cette question ! Mais les Philippines occupent une très belle position dans mon classement, car .... (*y aller*), j'ai réalisé un rêve d'enfance.

   i   – Quelle leçon tires-tu de tes voyages ?

      – .... (*faire*) le tour du monde en solitaire, j'ai compris que je pouvais me construire hors de tout cadre défini une vie inspirante, harmonieuse et qui me plaît. Une vie que je n'échangerais contre aucun paradis.

   j   – Comment vois-tu l'avenir ?

      – Je pense rentrer un jour et m'établir en Suisse, tout .... (*continuer*) de voyager à travers le monde pour apprendre différentes techniques et devenir autonome dans un maximum de domaines.

3 À vous maintenant ! Imaginez les réponses que Sarah aurait pu donner aux questions suivantes. Employez au moins un gérondif dans chacune de vos réponses.

   a   Pourquoi voyager sans argent ? D'où l'idée t'est-elle venue ?

      ....

      ....

      ....

   b   Comment choisis-tu tes destinations ?

      ....

      ....

      ....

   c   Est-ce que tes proches te manquent ? Comment fais-tu pour rester en contact avec eux ?

      ....

      ....

      ....

1.3 En pleine forme !

Le corps façonne-t-il notre identité ?

C'est quoi être en bonne santé ?

1 Activité lexicale

Les habitudes de vie

Classez les mots suivants dans la catégorie appropriée.

avoir la gueule de bois	la clope	être mélancolique	le joint	prendre un verre
le bien-être	cloper	faire un régime	la malbouffe	respirer
la biture express	se défoncer	la fumée	le mal de vivre	siroter
boire un pot	la déprime	se goinfrer	le mégot	soigner sa ligne
bouffer	une drogue de passage	grignoter	le pétard	le stupéfiant
broyer du noir	être en surpoids	le haschich	planer	trinquer
le cendrier	être ivre / saoul(e)	la joie de vivre	les poumons	voir la vie en rose

Nourriture	Tabagisme	Alcool	Drogues	Santé mentale
....	....	....	....	....
....	....	....	....	....
....	....	....	....	....
....	....	....	....	....
....	....	....	....	....
....	....	....	....	....
....	....	....	....	....
....	....	....	....	....
....	....	....	....	....
....	....	....	....	....
....	....	....	....	....
....	....	....	....	....

L'anorexie

2 Grammaire en contexte

Le passé simple

Les phrases a–h ci-dessous, tirées de la première partie du texte *Biographie de la faim* (voir unité 1.3, activité 8 dans le manuel), sont au passé simple, un temps du passé qui indique que les événements n'ont plus de rapport avec la situation présente. La plupart des textes littéraires sont écrits au passé simple et, même si vous n'allez pas vous en servir à l'écrit, savoir reconnaître aisément ce temps vous aidera à mieux comprendre et apprécier une variété de textes.

Voici la liste de quelques verbes irréguliers qui sont souvent utilisés au passé simple :

être	je fus	il / elle / on fut	nous fûmes	ils / elles furent
avoir	j'eus	il / elle / on eut	nous eûmes	ils / elles eurent
faire	je fis	il / elle / on fit	nous fîmes	ils / elles firent
mettre	je mis	il / elle / on mit	nous mîmes	ils / elles mirent
prendre	je pris	il / elle / on prit	nous prîmes	ils / elles prirent
savoir	je sus	il / elle / on sut	nous sûmes	ils / elles surent
venir	je vins	il / elle / on vint	nous vînmes	ils / elles vinrent
voir	je vis	il / elle / on vit	nous vîmes	ils / elles virent

Remarque : les verbes conjugués à la deuxième personne du singulier (tu) et du pluriel (vous) sont peu courants et ne figurent donc pas dans la grille ci-dessus.

1   Quel est l'infinitif des verbes au passé simple dans ces phrases tirées du texte ?

Exemple : Je sentis que la vie me quittait.   .... *sentir* ....

a   Je devins un froid absolu.   ....

b   Ma tête accepta.   ....

c   Mon corps se leva.   ....

d   Les douleurs physiques s'ajoutèrent aux douleurs mentales.   ....

e   Je ne mourus pas.   ....

f   Les souffrances de la guérison furent inhumaines.   ....

g   Mon corps reprit une apparence normale.   ....

h   Je lus *La métamorphose*.   ....

3 Activité écrite

Un courriel

Lorsqu'on lit un sujet de rédaction, il est essentiel de comprendre tous les éléments de l'énoncé et d'en tenir compte dans sa réponse.

1   Lisez l'énoncé suivant :

Imaginez que Juliette, la soeur d'Amélie Nothomb dans le texte *Biographie de la faim* (voir unité 1.3, activité 8 dans le manuel), écrit un courriel à une amie en Belgique. Elle lui décrit ce qui arrive à sa sœur et partage avec elle ses réflexions sur la maladie. Rédigez ce courriel.

Que faut-il retenir de cet énoncé ? Pour vous aider à en dégager tous les éléments, remplissez la grille ci-dessous, dans laquelle il manque des questions et des réponses. Vos réponses vont vous permettre de rédiger un courriel qui respecte toutes les consignes de la tâche.

Question	Réponse
Exemple : Qui écrit ce courriel ?	*Juliette, la sœur d'Amélie*
.... ?	à une amie
Quel est le registre approprié ?	....
.... ?	un courriel
Quelles sont les caractéristiques de ce type de texte ?	a .... b .... c .... d ....
.... ?	la maladie de sa sœur / la souffrance physique et mentale de sa sœur / la difficulté de partager une chambre avec sa sœur
Quels champs lexicaux ont un rapport avec ce sujet ?	....
.... ?	questions rhétoriques ; phrases exclamatives ; répétition ; exagération
Quels connecteurs logiques vais-je utiliser ?	....

2   En tenant compte des questions et réponses, rédigez maintenant ce courriel que Juliette envoie à son amie.

Après avoir rédigé votre texte, servez-vous de la liste de vérification 4B au chapitre 6 du manuel pour vous assurer que vous avez utilisé tous les éléments nécessaires à la réalisation du courriel.

1

Bien dans sa tête

---

4 Grammaire en contexte

Les expressions pour formuler des conseils

Les expressions suivantes vont vous aider à formuler des conseils ; elles sont suivies du subjonctif.

Il faut que / Il ne faut pas que		Il est nécessaire que
Il est préférable que		Il est conseillé que
Il vaudrait mieux que	+ subjonctif	Il est important que	+ subjonctif
Il est essentiel que		Il est souhaitable que

1 Complétez les phrases en conjuguant les verbes entre parenthèses au subjonctif présent.

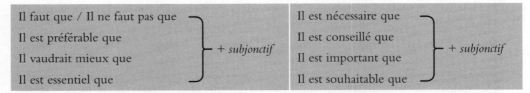

> **Exemple :** Il faut que vous .... *mangiez* .... (*manger*) cinq fruits et légumes par jour.

a Il faut que vous .... (*éviter*) de manger trop de viande.

b Il est essentiel que les enfants .... (*boire*) beaucoup d'eau quand il fait chaud.

c Il est préférable qu'ils .... (*faire*) du yoga après une longue journée de cours.

d Il est nécessaire que nous .... (*sourire*) aux personnes qui nous entourent.

e Il est essentiel que je .... (*savoir*) où je peux acheter des produits bio dans cette ville.

f Il est conseillé qu'elle .... (*aller*) faire une balade en forêt pour se changer les idées.

g Il vaudrait mieux que tu .... (*avoir*) des amis avec qui tu pourrais partager tes anxiétés.

h Il est souhaitable que tout le monde .... (*pouvoir*) se détendre le week-end.

i Il ne faut pas que les personnes mal dans leur peau .... (*avoir*) peur de discuter de leurs problèmes.

j Il est important que les problèmes de santé mentale et physique .... (*être*) débattus dans les écoles.

2 Donnez des conseils à un(e) ami(e) pour rester en forme. Pour chacun des points ci-dessous, formulez trois conseils. Servez-vous des expressions introduisant le subjonctif de l'encadré à la page précédente, puis inventez des conseils.

a Surveiller ses habitudes alimentaires

Exemple : *Il ne faut pas que tu grignotes entre les repas.* ....

....

....

b Essayer un nouveau sport

....

....

....

c Arrêter de fumer

....

....

....

d Garder le moral

....

....

....

e Se détendre avant les examens

....

....

....

5 Activité écrite

Une page d'accueil pour un site web

Vous allez créer une page d'accueil pour le site web d'une nouvelle association en vous basant sur le site web de S.O.S. Amitié. Une association d'anciens élèves de votre école propose un nouveau service de soutien scolaire aux élèves en situation d'échec.

1 Avant de commencer à créer votre site web, réfléchissez aux points suivants et prenez des notes :

- Comment s'appelle cette association de soutien scolaire ?

- À qui s'adresse le site web ?

- Quels sont les objectifs de l'association ?

- Quelles solutions ce service propose-t-il, tant sur le plan émotionnel que pratique ?

2 Quelles sont les émotions ressenties par celui ou celle qui se trouve en échec scolaire ? Dressez la liste de ces émotions et de ces sentiments. Pensez, par exemple, à ce que vous avez ressenti vous-même quand :

- vous avez échoué à un examen.

- vous n'avez pas compris la consigne en classe.

- vous n'avez pas fait vos devoirs parce que vous ne saviez pas par où commencer.

- vous avez fait de votre mieux mais le professeur a critiqué votre travail.

3 Vous pouvez maintenant commencer à rédiger votre texte. Structurez-le en suivant les étapes qui vous sont proposées.

Structure de la page d'accueil	Message de la page d'accueil
1 Titre en caractères gras	Utilisez le modèle suivant : *S.O.S. + le nom de l'association + le service proposé*
2 Sous-titre en caractères gras	Le sous-titre indique le problème auquel répond l'association.
Paragraphe	Continuez la phrase suivante qui explique les objectifs de l'association : *S.O.S. + le nom de l'association est un service…*
3 Deuxième sous-titre en caractères gras	Le deuxième sous-titre indique le service proposé.
Paragraphe	Dressez une liste de situations pour lesquelles on peut faire appel à cette association. Qui peut bénéficier de ce service ? Comment se sentent ceux qui sont en échec scolaire ? Quels bienfaits cette association peut-elle apporter ?
4 Troisième sous-titre en caractères gras	Le troisième sous-titre introduit des précisions d'ordre pratique.
Paragraphe	Heures des cours ; lieu ; coût ; qui va aider les jeunes en échec scolaire, etc.
5 Phrase qui rappelle les objectifs de l'association	Terminez la phrase : *S.O.S. + le nom de l'association offre, à tous ceux qui choisissent d'appeler,…*

Voilà ! Vous êtes maintenant prêt(e) à rédiger votre page web.

Les interdits

6 Activité écrite

Pour ou contre la légalisation du cannabis ?

1   Indiquez si chacune des affirmations est pour (P) ou contre (C) la légalisation du cannabis.

a   L'usage modéré du cannabis est moins nocif que la consommation du tabac ou de l'alcool.

b   Le cannabis fait perdre le goût de la vie.

c   On entre dans un engrenage ; on peut ensuite être tenté par les drogues dures comme la cocaïne ou l'héroïne.

d   C'est un excellent moyen de s'échapper de notre société tellement triste !

e   Il faut combattre ce fléau, c'est le début de la décadence !

f   C'est un moyen lâche de fuir la réalité et les problèmes de la vie quotidienne.

g   Cela réduirait le taux de délinquance et de violence dans certaines villes.

h   Cela reste un produit nocif et addictif contre lequel nous devons tous lutter.

À vous maintenant de trouver cinq raisons pour lesquelles le cannabis devrait être légalisé ou pas :

....

....

....

....

....

....

....

....

1.4 Langues et langages

Comment la langue reflète-t-elle notre identité ?

Pourquoi le français ?

1 Grammaire en contexte

L'expression du but

1   Soulignez les éléments qui expriment le but dans les phrases suivantes.

> **Exemple :** <u>Pour atteindre rapidement un bon niveau de français</u>, il faut multiplier les occasions de communiquer.

a   La France a mis sur pied un grand réseau d'établissements culturels à l'étranger de façon à diffuser la langue et la culture françaises.

b   J'ai décidé de suivre un cours de russe pour ne pas avoir l'air trop idiot quand j'irai là-bas l'été prochain !

c   Irina étudie le français dans le but de lire les œuvres de Victor Hugo en version originale.

d   Nous engagerons un interprète de manière à ce que la communication soit plus facile.

e   Yumi ose à peine ouvrir la bouche de peur que les gens ne se moquent de son accent.

f   Le professeur a dû insister pour que nous fassions des exercices de grammaire supplémentaires.

g   J'ai étudié plusieurs langues étrangères afin de multiplier mes chances sur le marché international de l'emploi.

h   Je te conseille d'acquérir quelques notions de chinois avant d'aller en Chine pour que tu ne sois pas complètement perdu en débarquant à Pékin !

i   Comme je connais déjà l'italien, j'hésite à apprendre l'espagnol de crainte de confondre ces deux langues.

j   Mes parents m'ont inscrit dans cette école afin que je devienne bilingue.

2 Complétez le tableau suivant avec les expressions de but relevées dans l'exercice précédent.

	+ infinitif	+ subjonctif
But à atteindre	*pour*	
But à éviter		

3 À partir de trois des titres proposés, rédigez une brève nouvelle pour la page web de votre classe de français. Ces nouvelles seront publiées le 1ᵉʳ avril, jour où des plaisanteries et des canulars sont souvent publiés dans les médias. Soyez fantaisistes… tout en intégrant obligatoirement au moins deux expressions de but à chaque petit texte.

Exemple

Voyage de fin d'année à Tahiti

Pour motiver les élèves qui auront travaillé dur toute l'année afin d'apprendre le français, la direction de l'école a décidé d'organiser un voyage de fin d'année à Tahiti. Pour que les élèves moins fortunés n'en soient pas exclus, la direction a décidé de financer entièrement le voyage. Le séjour dans un hôtel quatre étoiles de Bora-Bora sera donc complètement gratuit.

Titres

Réforme de l'orthographe française

Organisation d'un échange avec un lycée parisien

Imposition d'un nouveau règlement par la direction de l'école

Obligation d'apprendre deux langues étrangères pour obtenir le diplôme du Baccalauréat International

Augmentation substantielle du budget de la bibliothèque de l'école

Adoption d'une nouvelle méthode d'enseignement du français

Programme du Baccalauréat International offert en espéranto seulement à partir de l'année prochaine

Langues en voie d'extinction

---

2 Activité écrite

Un discours

1 Vous êtes un(e) jeune Gabonais(e) et vous avez été invité(e) à prononcer un discours devant une fondation qui se propose de financer un projet en Afrique. Votre but est de sensibiliser les dirigeants de la fondation au problème de la disparition des langues indigènes afin de les convaincre de financer une opération de sauvetage des langues du Gabon.

Comment allez-vous rédiger un discours convaincant ?

Avant de rédiger votre texte, effectuez le travail préparatoire suivant.

A Votre message

1 L'intitulé précise que votre discours a deux buts principaux. Quels sont-ils ? Il est important que vous les gardiez en tête tout au long du processus de rédaction !

2 Parmi les informations contenues dans le texte *S.O.S. Langues en danger* (voir unité 1.4, activité 7 dans le manuel), lesquelles pourriez-vous intégrer à votre discours ? Relevez celles qui vous semblent les plus pertinentes.

3 Voici d'autres renseignements plus spécifiques à votre situation personnelle et au Gabon que vous pourriez aussi choisir d'utiliser :

- Vous habitez la capitale (Libreville) et avez été scolarisé(e) en français.

- Vos parents sont issus de deux groupes ethniques différents et parlent français entre eux. Le français est donc la langue de la famille.

- Vous ne pouvez pas communiquer avec vos grands-parents restés au village.

- La moitié des 52 langues parlées au Gabon sont menacées de disparition d'ici la fin du siècle.

- Vous avez vu comment les individus qui perdent leur langue perdent aussi confiance dans leur culture et peuvent parfois sombrer dans la violence ou l'alcoolisme.

- Au Gabon, il existe une grande variété de mots pour désigner les odeurs. Ces mots sont indispensables pour apprécier la qualité d'une nourriture et ils sont intraduisibles.

- Les populations locales ont une richesse linguistique incroyable pour décrire la faune, la flore, le comportement des animaux, les techniques de préparations médicinales, les pratiques de pêche ou de culture, la manière de gérer le temps ou de compter.

4 Y a-t-il d'autres faits ou arguments (tirés de vos connaissances personnelles ou de ce que vous avez étudié dans le cadre du cours de Théorie de la connaissance, par exemple) que vous souhaitez utiliser ?

5 Maintenant que vous avez fait l'inventaire des arguments possibles, il se peut que vous ayez à faire un choix. Dans une conférence, le temps de parole alloué à chacun est souvent limité. Parmi les informations que vous avez retenues, lesquelles vous semblent les plus susceptibles de convaincre votre public ?

6 Pour un maximum d'efficacité, dans quel ordre allez-vous présenter ces informations ? Faites un plan.

B Le style de votre discours

Pour vous aider, vous pouvez vous référer au modèle de discours (voir chapitre 6, texte 6A dans le manuel).

1 Afin de choisir un style et un ton appropriés, rappelez-vous les points suivants tout au long du processus de rédaction :

- À qui vous adressez-vous ?
- Quel est le registre approprié ?
- Quelles sont les caractéristiques de ce registre ? Cochez tous les éléments pertinents :

A relations logiques bien marquées ☐

B respect des règles grammaticales ☐

C absence du « ne » dans la négation ☐

D vocabulaire précis et varié ☐

E syntaxe complexe ☐

F vocabulaire familier ☐

G argot ☐

2 Comment allez-vous vous adresser au public ? Plusieurs réponses sont possibles. Cochez les cases correspondantes.

A Salut ! Je m'appelle Dominique et je suis super contente d'être ici. ☐

B Chers camarades, ☐

C Mesdames, Messieurs, bonjour ! ☐

D Bonsoir et bienvenue à tous ! ☐

E Chers électeurs et électrices, ☐

F Mesdames et Messieurs, accueillons ensemble le célèbre conférencier Prosper Louembe. ☐

G Au nom des membres du comité organisateur, je vous souhaite la bienvenue au festival. ☐

3 Quelle pourrait être la première phrase de votre discours ? Plusieurs réponses sont possibles. Cochez les cases correspondantes.

A J'aimerais par la présente vous communiquer mon indignation devant la disparition des langues en Afrique. ☐

B Mon exposé sur la francophonie comportera trois parties. ☐

C La disparition des langues en Afrique, par Justine Ekinetou. ☐

D C'est un honneur pour moi d'être ici devant vous pour vous parler d'un problème qui me tient à cœur : la disparition des langues dans mon pays, le Gabon. ☐

E Nous allons maintenant essayer de voir ensemble quelles sont les causes de ce phénomène. ☐

F Saviez-vous que sur les 52 langues parlées au Gabon aujourd'hui, la moitié aura disparu à la fin du XXIᵉ siècle ? ☐

G Ouais, j'ai pas trop l'habitude des discours, alors j'espère que je serai pas trop nul. ☐

4 Qu'allez-vous inclure dans votre introduction afin de bien éveiller l'attention du

4 Qu'allez-vous inclure dans votre introduction afin de bien éveiller l'attention du public ? Plusieurs réponses sont possibles. Cochez les cases correspondantes.

A une statistique choquante ☐

B le but de votre discours ☐

C une anecdote ☐

D une recommandation ☐

E un slogan ☐

F la date ☐

G vos qualifications professionnelles ☐

5 Parmi les énoncés suivants, lesquels vous aideront à convaincre votre public ? Cochez les cases correspondantes. Plusieurs réponses sont possibles.

A Il n'en tient qu'à vous pour que la situation change et que les Gabonais retrouvent la fierté de parler leur langue d'origine ! ☐

B Que ressentiriez-vous si vous ne pouviez pas communiquer avec vos propres grands-parents ? ☐

C La disparition de ces langues est-elle une fatalité ? Non, non et non ! ☐

D Saviez-vous que sur les 52 langues parlées au Gabon aujourd'hui, la moitié aura disparu à la fin du XXIe siècle ? ☐

E Un linguiste a dit : « Une langue qui disparaît, c'est comme une bombe qui tombe sur le Louvre. » ☐

F Moi, je vous dis qu'il n'est pas trop tard pour remédier à cette situation ! ☐

G Prenons un exemple concret pour illustrer ce que je viens de dire. ☐

6 Comment allez-vous clore votre discours ? Plusieurs réponses sont possibles. Cochez les cases correspondantes.

A C'est tout. ☐

B Avez-vous des questions ? ☐

C Veuillez agréer l'expression de mes sentiments distingués. ☐

D J'espère que vous avez apprécié votre visite et je vous souhaite une bonne fin de journée. ☐

E Je vous remercie de votre attention. ☐

F Pour de plus amples informations, contactez-moi à l'adresse suivante : pierrot264@hotmail.com ☐

G Bonne chance à tous et à toutes ! ☐

7 Rédigez maintenant votre discours. Rédigez de 250 à 400 mots pour les élèves de niveau moyen et de 450 à 600 mots pour les élèves de niveau supérieur.

Après avoir rédigé votre texte, servez-vous de la liste de vérification 6B au chapitre 6 du manuel pour vous assurer que vous avez utilisé tous les éléments nécessaires à la réalisation d'un discours.

2 Expériences

2.1 Les voyages forment la jeunesse

En quoi les voyages nous aident-ils à élargir nos horizons ?

Envie de partir ?

1 Activité lexicale

Les voyages

accueillant(e)	attraper un coup de soleil
bondé(e)	avoir envie de bouger
dépaysant(e)	avoir le mal du pays
incontournable	se balader
insolite	baragouiner une langue étrangère
pittoresque	se déplacer
	être coincé(e) dans les embouteillages
une attraction touristique	faire du stop
un compagnon / une compagne de voyage	faire le tour du monde
une destination exotique	faire sa valise
un pays lointain	faire un séjour linguistique
un(e) routard(e)	fuir la foule
le tourisme de masse	partir à l'aventure
	partir à l'étranger
	prendre la route
	sortir des sentiers battus
	souffrir du décalage horaire
	trouver un hébergement

2

Complétez les phrases suivantes avec l'un des mots ou l'une des expressions de la liste proposée. Faites les changements grammaticaux nécessaires (accords, conjugaisons).

a   La meilleure façon d'apprendre une langue étrangère, c'est de

....

b   Aller sur la Côte d'Azur au mois d'août ? Mais tu n'y penses pas, tu risques en permanence d'.. sur l'autoroute.

c   C'est la nouvelle destination à la mode : les plages y sont magnifiques, mais malheureusement toujours ....

d   Mon budget transport est très limité, c'est pour ça que j'ai l'intention de .... au lieu de prendre le train.

e   Après avoir passé trois mois dans le fin fond de la jungle indonésienne, je commençais à ....

f   Je ne suis pas du genre à retenir un hôtel trois étoiles des mois à l'avance. Je préfère être spontané et .... une fois sur place.

g   Évidemment, si tu vas à Bruxelles, il ne faut pas que tu rates la Grand-Place ! C'est absolument ....

h   Comme je .... l'espagnol, j'espère pouvoir me débrouiller pour communiquer avec les gens, mais il faudra peut-être que je trouve un interprète.

i   Gabrielle arrive d'Australie, mais étonnamment elle ne semble pas trop .... après un si long voyage.

j   On a atterri dans une petite ville paumée en plein milieu de la pampa où il n'y avait aucune ....

2 Activité écrite

Une page de journal intime

Vous venez d'arriver à votre lieu de vacances et malheureusement, avant le départ et pendant le voyage, tout ne s'est pas passé comme vous l'aviez imaginé ! Vous rédigez une page de votre journal intime dans lequel vous racontez ce qui vous est arrivé et ce que vous avez ressenti.

Avant la rédaction de la page de journal intime, cochez les bonnes réponses aux questions suivantes. Vos réponses vous aideront à rédiger correctement votre travail. Plusieurs réponses sont parfois possibles.

1   Comment allez-vous commencer ce passage de journal intime ?

A   Monsieur le journal ☐

B   Cher journal ☐

C   Chère collègue ☐

D   Chers lecteurs ☐

2 Comment allez-vous exprimer votre détresse ?

    A Quelle chance ! ☐

    B Quel stress ! ☐

    C Quelle vie ! ☐

    D Quel cauchemar ! ☐

    E Quelle joie ! ☐

    F Quel voyage infernal ! ☐

    G Encore un voyage très agréable ! ☐

    H Quelle plaie, ce voyage ! ☐

    I J'en ai marre des voyages ! ☐

    J Vive les vacances ! ☐

    K Je veux rentrer à la maison ! ☐

    L Quel rêve, ce voyage ! ☐

3 Comment allez-vous commencer à expliquer ce qui s'est passé ?

    A Je viens vous faire part de mon indignation la plus profonde. ☐

    B Tu devineras jamais ce qui m'est arrivé avant d'arriver ici. ☐

    C Selon un récent sondage, les voyages sont la cause de beaucoup de stress chez les vacanciers. ☐

    D Mathilde est arrivée ce matin à Nice après de multiples péripéties. ☐

    E Je viens de faire le voyage le plus stressant de ma vie. ☐

4 Quelles phrases pourriez-vous utiliser lors de la rédaction de cette page de journal intime ?

    A Que penses-tu qu'il me soit arrivé ensuite ? ☐

    B Rien qu'à l'idée de faire ma valise, j'étais stressé(e) ! ☐

    C Veuillez trouver ci-jointe la confirmation de votre vol pour Bruxelles. ☐

    D Je vous serais reconnaissant(e) si vous pouviez m'indiquer où envoyer ma lettre de réclamation. ☐

    E J'ai dû faire une queue monstre avant d'arriver au guichet. ☐

    F J'ai même cru que j'avais oublié mon passeport ! ☐

    G La Corse est une destination de rêve pour ceux qui aiment la voile et aussi les randonnées. ☐

    H Tu aurais vu les autres passagers… Que des rustres ! ☐

    I On est resté plus de dix heures dans la bagnole et j'en pouvais plus ! ☐

    J Je vais en plus devoir supporter toute ma famille pendant plus d'une semaine, quelle angoisse ! ☐

5 Quelles expressions pourriez-vous utiliser pour faire le lien entre les différents paragraphes ?

A   Et ce n'est pas tout !

B   Puis, ensuite…

C   Il convient de dire que…

D   Ça ne s'arrête pas là !

E   Il faut souligner le fait que…

6 Comment pourriez-vous conclure votre page de journal intime ?

A   En attendant une réponse de votre part, je vous prie, Monsieur, d'agréer mes sincères salutations.

B   Il n'y pas de doute que la vie de vacancier n'est pas de tout repos.

C   L'année prochaine je reste à la maison ! À bientôt, cher journal !

D   Mais je vois la plage de ma chambre, je file ! À demain, cher journal !

En vous aidant du modèle proposé, rédigez de 250 à 400 mots pour les élèves de niveau moyen et de 450 à 600 mots pour les élèves de niveau supérieur.

La date (Le mardi 5 juillet)

……………………………………………… ,

Brève phrase pour présenter la situation dramatique : Quelle horreur, ces vacances ! J'en ai marre des voyages !

………………………………………………………………………………………………

Problèmes avant le départ, lors des préparatifs : Valises, passeport, réservations…

………………………………………………………………………………………………

………………………………………………………………………………………………

………………………………………………………………………………………………

Problèmes pendant le voyage : Retards, sécurité, autres voyageurs…

………………………………………………………………………………………………

………………………………………………………………………………………………

………………………………………………………………………………………………

Arrivée sur le lieu de vacances : Bonnes ou mauvaises surprises ?

………………………………………………………………………………………………

………………………………………………………………………………………………

………………………………………………………………………………………………

………………………………………………………………………………………………

Conclusion sur le voyage et projet pour les prochains jours de vacances.

………………………………………………………………………………………………

Fin de la page de journal intime : À demain ! À bientôt !…
Signature

………………………………………………………

Après avoir rédigé votre texte, servez-vous de la liste de vérification 11B au chapitre 6 du manuel pour vous assurer que vous avez utilisé tous les éléments nécessaires à la réalisation d'une page de journal intime.

Qu'est-ce qu'un touriste ?

3 Grammaire en contexte

Les pronoms relatifs simples

Observez les phrases suivantes :

- Les touristes français **qui** sont toujours râleurs ne sont pas les bienvenus à l'étranger.

- Les touristes britanniques **que** nous pouvons rencontrer à l'étranger s'intéressent aux traditions culinaires.

- Les touristes chinois **dont** le look est peu recherché sont toujours très aimables.

- Les touristes japonais sont appréciés dans les magasins **où** ils achètent toujours beaucoup de souvenirs.

- **Qui** s'emploie comme sujet du verbe.

    Exemple : *Les voyageurs **qui** étaient dans le même wagon que moi étaient très bruyants.*

- **Que** s'emploie comme complément d'objet direct du verbe.

    Exemple : *L'avion **que** je devais prendre pour aller à Bordeaux a été annulé.*

- **Dont** s'emploie comme complément d'objet indirect introduit par *de*.

    Exemple : *L'hôtel **dont** je te parle est situé en bord de mer.*

- **Où** s'emploie comme complément de lieu ou complément de temps.

    Exemple : *La station balnéaire **où** je passe mes vacances est très touristique.* (= lieu)

    *L'été **où** je suis allée au Japon, je venais de passer mes examens.* (= temps)

1 Complétez les phrases avec le pronom relatif simple qui convient.

   Exemple : Les pays .....*que*..... je préfère visiter sont ceux qui ont un climat plutôt tempéré.

   a Paris est la ville .... accueille le plus de touristes en France.

   b Quand vous irez dans le sud de la France, la visite .... vous vous souviendrez le plus sera celle des Baux-de-Provence.

   c La Belgique est le seul pays .... je n'ai jamais visité en Europe.

   d Si vous allez dans les Alpes, la chose .... vous aurez le plus besoin est une bonne paire de chaussures de marche.

   e Au Maroc, vous allez aimer visiter les gorges de la vallée de Todgha .... sont hautes de 300 mètres.

   f Au Musée national des beaux-arts du Québec, ... on peut faire une visite guidée, des œuvres d'art tout à fait exceptionnelles sont exposées.

    g La Nouvelle-Calédonie est célèbre pour ses paysages grandioses .... vous n'oublierez jamais.

    h À Dakar, la Cathédrale du Souvenir africain, ... l'architecture est majestueuse, est un monument à visiter absolument.

    i Le jour .... vous irez en Suisse, n'oubliez pas de déguster leur célèbre fondue.

    j Avant de quitter Alger, pensez à aller au Jardin d'Essai du Hamma .... vous pourrez admirer toutes sortes de plantes et d'arbres.

2 Complétez les phrases suivantes.

    a Le pays que ....

    b Le pays qui ....

    c La ville où ....

    d La ville dont ....

    e Le plat qui ....

    f Le plat dont ....

    g Le monument que ....

    h Le monument qui ....

    i Le voyage dont ....

    j Le voyage qui ....

Voyager autrement

4 Grammaire en contexte

Les pronoms personnels compléments

Un pronom personnel complément remplace un nom ou un groupe de mots afin d'éviter les répétitions.

- Les pronoms personnels compléments d'objet direct (**me**, **te**, **le**, **la**, **nous**, **vous**, **les**) remplacent un nom ou un groupe de mots qui est complément d'objet direct du verbe.

- Les pronoms personnels compléments d'objet indirect (**me**, **te**, **lui**, **nous**, **vous**, **leur**) remplacent une personne et sont les compléments d'objet indirects du verbe (qui est suivi de « à »).

- Le pronom **y** remplace quelque chose d'inanimé et qui est précédé de « à » ou un nom de lieu.

- Le pronom **en** remplace quelque chose d'inanimé et qui est précédé de « de » ou un article partitif ou une quantité.

Où placer les pronoms personnels compléments dans la phrase ?

- Avec les temps simples

  Les pronoms personnels compléments se placent devant le verbe.

  Les touristes achètent <u>des souvenirs</u> à l'aéroport.

  → *Les touristes **en** achètent à l'aéroport.*

- Avec les temps composés

  Les pronoms personnels compléments se placent devant l'auxiliaire (*être* ou *avoir*).

  Jacques et Amélie ont visité <u>les châteaux de la Loire</u> l'été dernier.

  → *Jacques et Amélie **les** ont visités l'été dernier.*

- Avec les verbes à l'infinitif

  Les pronoms personnels compléments se placent devant le verbe à l'infinitif.

  J'aimerais déguster <u>les spécialités culinaires belges</u>.

  → *J'aimerais **les** déguster.*

- Avec les verbes à l'impératif

  Les pronoms personnels compléments se placent après le verbe.

  Réservez votre chambre d'hôtel à l'avance !

  → *Réservez-**la** à l'avance !*

- L'ordre des doubles pronoms

  Lorsqu'on utilise deux pronoms, ils sont placés dans la phrase selon l'ordre suivant :

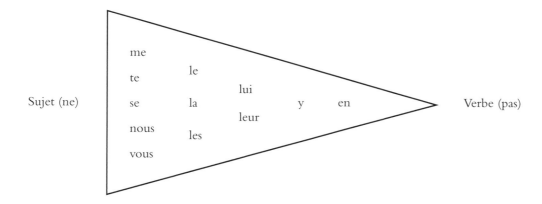

2

Expériences

1 À quoi se réfèrent les pronoms suivants dans le texte *Ne me demandez pas* (voir unité 2.1, activité 15 dans le manuel) ?

Dans la phrase...	le mot...	se réfère à...
Exemple : je ne sais pas <u>les</u> refuser	« les »	*des chambres pour la nuit*
a j'<u>y</u> dors plus mal que dans un hamac	« y »	....
b je <u>leur</u> rapporte la clé	« leur »	....
c je me <u>le</u> demande en faisant les cents pas	« le »	....
d je <u>les</u> observe	« les »	....

2 Remplacez les expressions soulignées par le pronom approprié. N'oubliez pas d'accorder le participe passé du verbe si nécessaire.

> **Exemple :** Elle déteste <u>les voyages en avion</u>.
>
> *Elle <u>les</u> déteste.*

a Mes voisins n'ont pas les moyens <u>de partir en vacances</u>.

....

b N'oubliez pas <u>votre crème solaire</u> !

....

c Il se plaint <u>du bruit dans la chambre</u>.

....

d Ils ont fait <u>leurs valises</u> précipitamment.

....

e Téléphonez <u>à vos parents</u> en arrivant !

....

f Je n'aime pas passer mes vacances <u>à l'hôtel</u>.

....

g Les longues files d'attente indisposent <u>les touristes</u>.

....

h Les ados s'intéressent beaucoup <u>aux nouvelles cultures</u>.

....

i Mes cousins se souviendront toujours <u>de leurs premières vacances en camping</u>.

....

j Lara a visité tous <u>les musées de la ville</u>.

....

3 Remplacez les expressions soulignées par les pronoms qui conviennent.

a Il n'a pas rappelé <u>aux étudiants</u> <u>d'apporter leur passeport</u>.

....

b Les habitants ont donné <u>des cadeaux à emporter</u> <u>aux étudiants</u>.

....

c Jeanne a aidé <u>les habitants du village</u> <u>à creuser un puits</u>.

....

d Les touristes britanniques goûtent <u>les spécialités culinaires</u> <u>dans les restaurants</u>.

....

e Des touristes ont acheté <u>des souvenirs</u> <u>dans les magasins</u>.

....

f Les chefs de chantier ont demandé <u>aux jeunes</u> <u>de reconstruire une école</u>.

....

g Émilie adore accueillir <u>ses amis</u> <u>à la gare</u>.

....

h Marie et Charles font <u>de la plongée sous-marine</u> <u>dans le sud de la France</u> tous les étés.

....

i Dites <u>à vos amis</u> <u>qu'ils doivent partir à l'étranger</u>.

....

j Les touristes ont demandé <u>à une passante</u> <u>de les prendre en photo</u>.

....

2.2 Je me souviens

Comment le passé construit-il notre avenir ?

Souvenirs d'enfance

1 Activité lexicale

Les souvenirs

avoir une mémoire d'éléphant	mémoriser quelque chose
avoir un trou de mémoire	oublier quelque chose
conserver en mémoire	perdre la mémoire
cultiver sa mémoire	se rappeler quelque chose
être nostalgique	se remettre en mémoire
garder en mémoire	rester en mémoire
garder un bon / mauvais souvenir de	revenir à la mémoire
se graver dans la mémoire	se souvenir de quelque chose

1 Complétez les phrases en utilisant une des cinq expressions proposées et en conjuguant le verbe si nécessaire.

AVOIR UNE MÉMOIRE D'ÉLÉPHANT	MÉMORISER	REVENIR À LA MÉMOIRE
GARDER UN BON SOUVENIR	PERDRE LA MÉMOIRE	

a   Alice .... des promenades en
forêt qu'elle aimait faire avec ses parents quand elle était plus jeune.

b   Si tu ne te souviens pas du jour où on s'est rencontrés, c'est que vraiment tu
.... !

c   Avant d'entrer en scène, les acteurs prennent bien soin de
.... leur texte.

d   Quentin se souvient toujours de tout, il
....

e   Lorsque je retourne dans le village de mon enfance, beaucoup de choses me
....

2 Soulignez l'adjectif approprié pour chaque fin de phrase.

a Je me souviens très clairement du jour où j'ai changé d'école, c'est un souvenir *vague / précis*.

b Cédric n'a pas du tout aimé ses vacances au bord de la mer, il en garde un souvenir *douloureux / agréable*.

c Laure conservera en mémoire toute sa vie sa première victoire à un match de tennis, cela reste un souvenir *confus / inoubliable*.

Les souvenirs de famille

2 Grammaire en contexte

Les temps du passé

1 Les phrases citées dans les questions suivantes proviennent du paragraphe 1 du texte *Histoires d'objets perdus* (voir unité 2.2, activité 11 dans le manuel). Les verbes sont aux temps du passé : à l'imparfait, au passé composé et au plus-que-parfait. Identifiez et justifiez le choix des temps.

a C'était un dimanche soir.

  • Quel est le temps du verbe ? ....

  • Pourquoi l'utilise-t-on ici ? ....

  • Trouvez les autres verbes conjugués au même temps dans le paragraphe 1.
  ....

b On a changé de table.

  • Quel est le temps du verbe ? ....

  • Pourquoi l'utilise-t-on ici ? ....

  • Trouvez les autres verbes conjugués au même temps dans le paragraphe 1.
  ....

c Évidemment, ses amis lui avaient dit mille fois d'«arrêter de trimballer tout ça.»

  • Quel est le temps du verbe ? ....

  • Pourquoi l'utilise-t-on ici ? ....

  • Trouvez un verbe conjugué au même temps dans le paragraphe 2.
  ....

2 Soulignez le temps du passé qui convient.

On [**Exemple**] *a volé* / *volait* le sac de Marie au cours d'une soirée dans un restaurant. Dans ce sac [a] *se trouvaient* / *se sont trouvés* ses affaires personnelles et le journal de son arrière-grand-père. Il [b] *l'écrivait* / *l'avait écrit* à la fin de la Seconde Guerre mondiale. Marie [c] *s'est sentie* / *s'était sentie* bouleversée. L'appartement de ses voisins [d] *avait brûlé* / *brûlait* quand elle [e] *était* / *avait été* enfant et depuis elle [f] *avait sauvegardé* / *sauvegardait* précieusement tout ce à quoi elle [g] *avait tenu* / *tenait*. Quelqu'un [h] *a retrouvé* / *retrouvait* le sac volé mais le journal [i] *a manqué* / *manquait*. Marie [j] *entamait* / *a entamé* plusieurs démarches pour retrouver le journal. Elle [k] *a essayé / essayait* d'embaucher un détective privé mais celui-ci [l] *n'a pas accepté / n'acceptait pas* parce que le vol [m] *s'était passé / se passait* dans un lieu public et le voleur [n] *n'a laissé / n'avait laissé* aucun indice. Désemparée, Marie [o] *a fini / finissait* par s'adresser à un journal. L'histoire de quelqu'un qui [p] *a retrouvé / avait retrouvé* une montre perdue quatre ans auparavant [q] *l'a encouragée / l'encourageait* à poursuivre ses recherches.

3   Avant de rédiger son article, une journaliste a interviewé Marie. Quelles sont les questions qu'elle lui a posées ? Complétez le début de l'interview ci-dessous en rédigeant la question qui correspond à chaque réponse. Faites attention à utiliser le temps du passé qui convient.

a   **Journaliste :** .... ?

Marie : La discussion était animée, on s'engueulait un peu. À un moment, on a changé de table.

b   **Journaliste :** .... ?

Marie : Toutes les choses auxquelles je tiens le plus : des lettres de mon père décédé, des photos de famille, des lettres d'amour, et le journal de Maurice, mon arrière-grand-père.

c   **Journaliste :** .... ?

Marie : La peur de perdre les choses qui me sont chères.

d   **Journaliste :** .... ?

Marie : J'ai fait tous les commissariats, toutes les antennes de police, tous les commerçants du quartier.

e   **Journaliste :** .... ?

Marie : Un certain Marco. Il travaillait à la propreté de Paris. Il avait trouvé mon sac et son contenu.

f   **Journaliste :** .... ?

Marie : Maurice raconte les bruits qui courent sur le débarquement et l'avancée des alliés. Les femmes tondues, les fusillades. Tout ça se mélange avec sa vie à lui. Ses trajets jusqu'au dépôt SNCF où il travaille. Comment il s'est débrouillé pour trouver des pommes de terre. Il parle aussi de son fils, mon grand-père.

g   **Journaliste :** .... ?

Marie : Ce qui m'a touchée, c'est qu'il ait eu ce réflexe d'écrire ce qu'il vivait. Car on n'écrit forcément pas que pour soi. Il a pensé à ceux qui suivaient.

3 Activité écrite

Une lettre officielle

Marie a contacté un détective privé pour lui demander de l'aider à retrouver le journal de son arrière-grand-père. Elle lui a expliqué les circonstances de sa perte et l'importance que ce journal a pour elle. Rédigez la lettre qu'elle lui a écrite. Utilisez les renseignements de l'article. Servez-vous du modèle de lettre qui vous est proposé.

Coordonnées de l'expéditeur

Coordonnées du destinataire
Lieu et date

Objet de la lettre
Formule d'appel

Introduction

- Présentez-vous
- Exposez le problème de manière générale
- Expliquez le but de la lettre

Corps de la lettre

- Fournissez des détails sur les circonstances de la perte du journal
- Fournissez des détails sur le contenu du journal
- Expliquez l'importance du journal pour vous
- Exprimez vos sentiments

Conclusion

- Demandez l'aide du détective
- Remerciez-le

Formule de politesse
    Signature
    (Prénom et nom)

Après avoir rédigé votre texte, servez-vous de la liste de vérification 13B au chapitre 6 du manuel pour vous assurer que vous avez utilisé tous les éléments nécessaires à la réalisation d'une lettre officielle.

Gardons en mémoire...

4 Grammaire en contexte

Le discours indirect au passé

Observez les propos de Simone Veil au <u>discours direct</u> :

« Soixante ans plus tard, je suis toujours hantée par les images, les odeurs, les cris, l'humiliation, les coups et le ciel plombé par la fumée des crématoires », racontait Simone Veil.

Observez maintenant les mêmes propos au <u>discours indirect</u> :

Simone Veil racontait que, soixante ans plus tard, elle était toujours hantée par les images, les odeurs, les cris, l'humiliation, les coups et le ciel plombé par la fumée des crématoires.

1   Quel verbe sert à introduire le discours indirect dans la phrase ci-dessus ?
    ....

2   À quels temps sont les verbes en caractères gras dans la grille ci-dessous ?
    Que remarquez-vous ? ....

Discours direct	Discours indirect
Elle racontait : Je **suis** toujours hantée par les images	Elle racontait qu'elle **était** toujours hantée par les images
Temps du verbe	....

Comment employer le discours indirect au passé ?

Le discours indirect est souvent introduit par des *verbes* tels que :

affirmer	avouer	dire	raconter	soutenir
ajouter	déclarer	prétendre	répondre	

Si le verbe introducteur est au passé, le passage du discours direct au discours indirect entraîne des changements en ce qui concerne le temps des verbes.

Discours direct	Discours indirect
Présent Le journaliste a dit : « Simone Veil **est** connue dans le monde entier ».	**Imparfait** Le journaliste a dit que Simone Veil était connue dans le monde entier.
Passé composé Il a ajouté : « Elle **a** beaucoup **témoigné** devant les nouvelles générations ».	**Plus-que-parfait** Il a ajouté qu'elle **avait** beaucoup **témoigné** devant les nouvelles générations.
Futur Il a déclaré : « Elle **restera** une des femmes les plus influentes du XXe siècle ».	**Conditionnel** Il a déclaré qu'elle **resterait** une des femmes les plus influentes du XXe siècle.
Impératif Il a conseillé : « **Lisez** son autobiographie ».	**Subjonctif** Il a conseillé que nous **lisions** son autobiographie.

3   Lisez le témoignage de Mathilde au discours direct, puis soulignez la bonne conjugaison des verbes dans le texte suivant, écrit au discours indirect.

> **Le témoignage de Mathilde**
>
> Mathilde : « Je suis une des rares personnes de ma classe qui s'intéresse à l'histoire. Mes amis ne comprennent pas quand j'explique qu'il est important de connaître le passé de l'humanité. Je me rends compte que je passe énormément de temps à lire des livres d'histoire. Pendant mon temps libre, j'aime aller dans les musées et, dernièrement, j'ai visité le Mémorial de Caen, en Normandie. Si vous le visitez, vous aussi, vous ne le regretterez pas. »

Le texte au discours indirect

Mathilde nous a dit qu'elle [**Exemple**] *est / sera / <u>était</u>* une des rares personnes de sa classe qui [a] *s'intéresse / s'intéressera / s'intéressait* à l'histoire. Elle nous a raconté que ses amis ne la [b] *comprendront / comprenaient / comprennent* pas quand elle [c] *a expliqué / expliquait / explique* pourquoi il [d] *a été / sera / était* important de connaître le passé de l'humanité. Elle a ajouté qu'elle [e] *se rendrait compte / se rendait compte / se rend compte* qu'elle [f] *passait / avait passé / a passé* énormément de temps à lire des livres d'histoire. Elle a ajouté que, pendant son temps libre, elle [g] *a aimé / aimerait / aimait* aller dans les musées et que, dernièrement, elle [h] *a visité / avait visité / visiterait* le Mémorial de Caen en Normandie. Elle a dit que, si nous le [i] *visitons / avions visité / visitions*, nous ne le [j] *regretterons / regretterions / regrettons* pas.

2.3 Je veux être adulte !

Comment et pourquoi marque-t-on certaines étapes de la vie ?

Des rituels pour devenir adulte

1 Activité lexicale

Les étapes de la vie

1 Associez les étapes de la vie à leur définition.

1	les noces d'or	☐	A	l'adolescence
2	l'âge ingrat	☐	B	une mort
3	le troisième âge	☐	C	une personne âgée d'environ 30 ans
4	un(e) trentenaire	☐	D	l'enterrement
5	un nourrisson	☐	E	une personne très âgée
6	l'âge de raison	☐	F	le cinquantième anniversaire de mariage
7	les obsèques	☐	G	un très jeune enfant
8	un(e) vieillard(e)	☐	H	la vieillesse
9	un décès	☐	I	la mise au monde d'un enfant
10	l'accouchement	☐	J	l'âge quand un enfant devient plus réfléchi, à sept ans en principe

2 Classez les étapes de la vie selon l'ordre chronologique, de la naissance à la mort. Plusieurs séquences sont possibles.

A passer son permis ☐

B être bachelier / bachelière ☐

C faire ses premiers pas ☐

D atteindre la majorité ☐

E rendre l'âme ☐

F mener une brillante carrière ☐

G passer la bague au doigt de quelqu'un ☐

H être sur les bancs de l'école ☐

I prendre sa retraite ☐

J entrer dans la vie active ☐

K attendre un enfant ☐

L avoir un coup de foudre ☐

M élever des enfants ☐

N venir au monde ☐

O avoir son premier cheveu blanc ☐

3 Pouvez-vous ajouter d'autres étapes à la liste ?

....

....

2 Activité écrite

Une page de blog

Vous êtes sur le point de passer votre bac et vous vous sentez extrêmement nerveux / nerveuse. Vous avez décidé d'exprimer vos sentiments à ce sujet sur votre blog.

1 Avant la rédaction de la page de blog, cochez les bonnes réponses aux questions suivantes. Vos réponses vous aideront à rédiger correctement votre travail. Plusieurs réponses sont parfois possibles.

1 Quelles phrases pourraient servir d'introduction à votre blog ?

A Je suis dans tous mes états, je n'y arriverai jamais. ☐

B J'ai tellement hâte que les examens commencent ! ☐

C Le monde s'est arrêté de tourner, tout va mal. ☐

D Je ne pensais pas me sentir si mal un jour. ☐

E Enfin le bac approche et je suis prêt(e). ☐

F Le stress, mon meilleur ennemi avant le bac ! ☐

2 Quelles phrases exclamatives allez-vous utiliser pour exprimer votre stress face aux examens qui approchent ?

A Quelle angoisse ! ☐

B Je suis fou / folle de joie ! ☐

C Je ne sais plus où donner de la tête ! ☐

D Quel stress ! ☐

E Au secours ! ☐

F J'en ai marre des examens ! ☐

G Vivement que tout ça se termine ! ☐

H Les examens, c'est que du bonheur ! ☐

3 Comment allez-vous exprimer votre stress lors de la rédaction de cette page de blog ?

A Tout va bien, je suis mon plan de révision à la lettre. ☐

B Je suis toujours de mauvaise humeur et tout m'énerve ! ☐

C Je ne dors plus la nuit et je fais des cauchemars. ☐

D Je dors à poings fermés, j'oublie tous mes soucis. ☐

E Je reste zen quoiqu'il arrive ! ☐

F Je mange de moins en moins, j'ai perdu l'appétit. ☐

G Je travaille jusqu'à 2 heures toutes les nuits, dormir est une perte de temps. ☐

H Je partage mes angoisses dans des groupes sur les réseaux sociaux. ☐

I Je ne vois plus mes amis, je n'ai vraiment pas le temps. ☐

J Je viens de déjeuner avec ma famille, rien de tel pour se détendre. ☐

4 Comment allez-vous expliquer que vous allez gérer le stress de manière positive ?

A Il faut que je me ressaisisse ! ☐

B Mes amis m'ont dit qu'il fallait que je me secoue. ☐

C Une bonne heure de sport et tout ira mieux. ☐

D Il faut que je travaille plus tard le soir. ☐

E Je vais prendre mes repas devant l'ordinateur. ☐

F Je ne vais réviser que les matières qui m'intéressent. ☐

G Je vais faire un plan de révision et je vais y inclure des moments pour me changer les idées. ☐

H Je vais éteindre mon portable : finis les messages et les réseaux sociaux ! ☐

I Je vais chercher du soutien auprès de mes amis qui, eux aussi, révisent ! ☐

J Je vais bien finir par y arriver ! Je dois rester positif / positive et optimiste ! ☐

2

5 Comment allez-vous conclure ?

A Et vous, comment se passent vos révisions ? Donnez-moi des conseils !

B Veuillez agréer, Monsieur, mes sincères salutations.

C Un film à ne rater sous aucun prétexte !

D Et puis après les examens, je peux enfin penser aux vacances !

6 Quels autres éléments pourriez-vous ajouter à votre blog?

A un espace pour les commentaires des lecteurs

B une signature

C des photos

D la date et l'heure

E des émoticônes

F le nom du blog

G des expressions familières

H une adresse postale

I des phrases exclamatives

J une connivence avec le lecteur

2 Écrivez une page de votre blog pour exprimer vos sentiments et expliquer ce que vous allez faire afin de lutter contre ce stress.

Rédigez de 250 à 400 mots pour les élèves de niveau moyen et de 450 à 600 mots pour les élèves de niveau supérieur.

Après avoir rédigé votre texte, servez-vous de la liste de vérification 2B au chapitre 6 du manuel pour vous assurer que vous avez utilisé tous les éléments nécessaires à la réalisation d'un blog.

Qu'est-ce qu'être un adulte ?

3 Grammaire en contexte

Les adjectifs et les pronoms indéfinis

Observez les phrases suivantes tirées du texte *5 trucs et astuces pour bien fêter ses 18 ans* (voir unité 2.3, activité 7 dans le manuel).

- *Comme si l'**on** ne devenait **quelqu'un** d'important qu'à partir de cet âge.*

- *Vous pourrez [...] proposer **plusieurs** organisations [...]*

- ***Tout** le monde se mettra déjà dans l'ambiance [...]*

- *Et si vous désirez inviter **tous** vos potes à la maison [...]*

Les **adjectifs indéfinis et les pronoms indéfinis** expriment la quantité. Les **pronoms indéfinis** remplacent l'adjectif indéfini et le nom.

La quantité	Adjectif indéfini	Pronom indéfini
quantité zéro	Aucun(e) Nul(le) **Exemple : *Aucun* voisin n'est venu se plaindre du bruit.**	Aucun(e) Nul(le) Personne Rien **Exemple : *Personne* n'est venu se plaindre du bruit.**
une petite quantité	Quelque(s) **Exemple : *Quelques* amis s'étaient déguisés.**	Quelqu'un Quelques-uns / Quelques-unes Quelque chose **Exemple : *Quelqu'un* portait même un déguisement de Superman.**
une quantité plus importante	Plusieurs Divers(es) **Exemple : *Plusieurs* invités sont arrivés en retard.**	Plusieurs **Exemple : *J'avais invité 30 personnes ; plusieurs* sont arrivées en retard.**
une partie d'un ensemble	Certain(e)(s) Un(e) autre / D'autres **Exemple : *Certains* invités dansaient.**	Certain(e)s D'autres **Exemple : *D'autres* préféraient discuter entre eux.**
la totalité	Tout / Toute / Tous / Toutes Chaque **Exemple : *Tous* les invités avaient passé une bonne soirée.**	Tout / Toutes / Tous Chacun(e) **Exemple : *Tous* avaient passé une bonne soirée.**

1 Observez les phrases suivantes tirées du texte *5 trucs et astuces pour bien fêter ses 18 ans* (voir unité 2.3, activité 7 dans le manuel). Soulignez l'adjectif ou le pronom indéfini et indiquez s'il s'agit d'un adjectif (A) ou d'un pronom (P).

a) Comme si l'on ne devenait quelqu'un d'important qu'à partir de cet âge.

....

b) Vous pourrez [...] proposer plusieurs organisations [...]

....

c) Tout le monde se mettra déjà dans l'ambiance [...]

....

d) Et si vous désirez inviter tous vos potes à la maison [...]

....

Expériences

2 Soulignez l'adjectif ou le pronom indéfini correct.

Pour son anniversaire, Jeanne avait invité [**Exemple**] _plusieurs_ / _tout_ / _rien_ élèves de sa classe, [**a**] _personne_ / _quelques_ / _nul_ amis de son club de tennis mais [**b**] _personne_ / _aucun_ / _quelqu'un_ membre de sa famille. [**c**] _Certains_ / _Personne_ / _Chacun_ avaient apporté [**d**] _rien_ / _divers_ / _quelque chose_ à manger et à boire, [**e**] _d'autres_ / _personne_ / _chacun_ avaient décoré la salle et [**f**] _plusieurs_ / _certains_ / _quelqu'un_ s'était occupé de la musique. [**g**] _Tout_ / _Rien_ / _Quelque chose_ ne manquait, [**h**] _tout_ / _rien_ / _plusieurs_ était vraiment bien organisé ! Jeanne a reçu [**i**] _tout_ / _chaque_ / _divers_ cadeaux et elle a remercié [**j**] _tous_ / _chaque_ / _quelques_ invité.

3 Complétez le passage avec un des adjectifs ou pronoms indéfinis de la liste proposée. Plusieurs réponses sont parfois possibles.

D'AUTRES	PERSONNE	QUELQU'UN	TOUTES
CERTAINE	PLUSIEURS	RIEN	TOUS
DIVERSES	QUELQUES	TOUT	

................_Tout_............. le monde arrive dans une heure ! [**a**] .... n'est prêt mais, heureusement, [**b**] .... n'est encore arrivé ! [**c**] .... invités vont arriver en voiture mais [**d**] .... vont prendre le bus. [**e**] .... m'a dit que [**f**] .... personnes allaient apporter [**g**] .... cadeaux. [**h**] .... ces fleurs qui décorent la salle donnent une [**i**] .... ambiance de fête. Pourvu que [**j**] .... mes invités s'amusent bien !

4 Rédigez un court texte au sujet de la dernière fête d'anniversaire à laquelle vous avez été invité(e). Vous pouvez par exemple écrire une page de blog ou un passage de journal intime.

Utilisez les adjectifs et pronoms indéfinis suivants : _chacun(e)_, _plusieurs_, _quelque chose_, _quelqu'un_, _rien_, _tous_.

....
....
....
....
....
....
....
....
....
....
....
....
....
....

2.4 À la recherche d'une vie meilleure

Migrer, à quel prix ?

Migrations

1 Activité lexicale

Les flux migratoires

Les gens qui ont quitté leur pays

le demandeur / la demandeuse d'asile	la population immigrée
l'émigré(e)	le / la réfugié(e)
l'immigré(e) / l'immigrant(e)	les travailleurs immigrés
le / la migrant(e)	

La destination

le pays d'accueil / la société d'accueil	le pays d'asile

Quelques raisons qui motivent l'émigration

assurer un meilleur avenir à sa famille / à ses enfants	poursuivre ses études
combler un besoin d'épanouissement personnel	rejoindre sa famille
échapper à des problèmes environnementaux (désastres naturels, pollution, changements climatiques…)	subvenir aux besoins de sa famille restée au pays
échapper aux contraintes économiques, politiques ou culturelles de son pays	trouver une vie meilleure
fuir les persécutions / les guerres	trouver un travail

2

Quelques raisons qui motivent l'accueil des étrangers

la baisse de la natalité	la politique de regroupement familial
le besoin de main-d'œuvre (générale ou spécialisée)	le respect des conventions internationales
un élan de solidarité (suite à une guerre ou à une catastrophe, par exemple)	

Les formalités administratives

accorder une autorisation de séjour / délivrer un permis de séjour	faire une demande de naturalisation
acquérir une nationalité	régulariser son statut
demander / obtenir / refuser un visa	réussir un test de langue / un test de citoyenneté
devenir / être citoyen(ne) d'un pays	

L'immigration illégale

l'amnistie générale / la régularisation massive	la reconduite aux frontières
le clandestin / la clandestine	le sans-papiers
la lutte contre l'immigration clandestine	

Complétez les phrases suivantes à l'aide des mots / expressions proposés au début de cette activité.

a .... , c'est quitter son pays d'origine tandis qu'... , c'est s'installer dans un pays étranger.

b Arthur et Gabi ont quatre enfants. Ils ont choisi d'émigrer en Belgique pour .... à leurs enfants.

c Certains pays connaissent une .... , c'est-à-dire que les familles ont de moins en moins d'enfants.

d Avant d'aller dans certains pays, il est parfois nécessaire d' ....

e Membre d'une minorité ethnique dans son pays, Natali pense que sa vie est en danger. Elle a quitté son pays pour ....

f Des manifestations de soutien aux .... sont parfois organisées afin d'empêcher leur expulsion.

g La .... doit veiller à l'intégration des immigrés, mais les immigrés doivent aussi faire un effort pour s'intégrer.

h Pour combler son .... , le Canada cherche à attirer des travailleurs qualifiés.

i Son diplôme d'ingénieur en poche, Donovan veut .... en Suisse. L'année prochaine, il va faire un doctorat à l'École polytechnique fédérale de Lausanne.

j Il est possible d'... la nationalité française en épousant un(e) Français(e).

2 Grammaire en contexte

L'interrogation

Il y a plusieurs manières de poser des questions en français :

- Il vient du Sénégal ? *registre courant (surtout employé à l'oral)*

- Est-ce qu'il vient du Sénégal ? *registre courant (employé dans la vie de tous les jours à l'oral ou à l'écrit)*

- Vient-il du Sénégal ? *registre soutenu (surtout employé à l'écrit et dans des échanges professionnels ou officiels)*

1   Dans les questions suivantes, distinguez le registre courant du registre soutenu en cochant la case appropriée.

		Courant	Soutenu
	Exemple : Les îles Canaries, c'est où exactement ?	✓	☐
a	Vers quel pays a-t-il été expulsé ?	☐	☐
b	Êtes-vous d'accord avec la politique d'intégration du gouvernement actuel ?	☐	☐
c	Vous faites quoi en ce moment ?	☐	☐
d	Et votre prochain livre, il sort quand ?	☐	☐
e	Seriez-vous prêt à recommencer ?	☐	☐
f	Est-ce que vous envisagez un retour en Afrique ?	☐	☐
g	Vous espérez vraiment que ça serve à quelque chose ?	☐	☐
h	Que faudrait-il faire pour résoudre ce problème ?	☐	☐
i	Les pays développés doivent-ils rester des terres d'immigration, même en temps de crise ?	☐	☐
j	Pourquoi est-ce qu'on vous a refusé le visa ?	☐	☐

Dans une interview, on utilise normalement un registre soutenu par respect pour la personne interviewée.

2   Vous allez vous exercer à poser des questions en style soutenu. Formulez des questions sur les éléments soulignés, comme dans l'exemple.

Exemple : Le Québec accueille plus de 45 000 immigrants chaque année.

→ Combien d'immigrants le Québec accueille-t-il chaque année ?

a   Au Canada, la majorité des immigrants s'installent dans les grandes villes comme Toronto, Vancouver et Montréal. ....

....

    b Au Canada, la plupart des nouveaux arrivants viennent <u>d'Asie</u>.................................

    ....

    c Le taux de chômage chez les nouveaux immigrants demeure élevé <u>car les employeurs</u> <u>hésitent à leur accorder une chance</u>...

    ....

    d <u>Les nouveaux arrivants</u> doivent souvent accepter de recommencer à zéro.................

    ....

    e <u>En suivant un cours de langue</u>, Biborka espère avoir de meilleures chances de trouver un emploi dans son nouveau pays..

    ....

    f « Ce sont <u>les valeurs de liberté et de démocratie</u> qui nous ont attirés au Québec », affirment Joy et Jordon...

    ....

    g Selon un récent sondage, 16 % des immigrants ont des difficultés à s'habituer <u>au climat canadien</u>...

    ....

    h Certains choisissent de quitter leur pays d'origine <u>pour assurer un meilleur avenir</u> <u>à leurs enfants</u>..

    ....

    i Un nouvel immigrant doit attendre <u>trois ans</u> avant d'obtenir la citoyenneté canadienne.

    ....

    j Pour devenir citoyen canadien, il faut connaître au moins l'une des deux langues officielles du pays : <u>le français ou l'anglais</u>.......................................

    ....

3 Soulignez l'option correcte pour les questions suivantes.

    Exemple : *Lequel / Auquel / <u>De quel</u> pays venez-vous ?*

    a *Quelles / Pour quelles / Lesquelles raisons vous ont amené à partir ?*

    b *À quoi / De quoi / Avec quoi avez-vous le plus souffert pendant la traversée ?*

    c *Pour quels / Quels / À quels dangers les réfugiés ont-ils échappé ?*

    d *Quelles / Auxquelles / Lesquelles conditions doit-on remplir pour obtenir un visa ?*

    e *À quelles / Lesquelles / Quelles difficultés les nouveaux immigrants sont-ils confrontés ?*

    f *De quoi / À quoi / Sur quoi ces préjugés sont-ils fondés ?*

    g *Lesquels / À quels / De quels facteurs faut-il tenir compte pour régler ce problème ?*

    h *Avec quoi / De quoi / Sur quoi faudrait-il s'occuper en priorité ?*

    i *Auquel / Lequel / Quel message voulez-vous adresser au gouvernement français ?*

    j *À quoi / De quoi / Sur quoi peut-on s'attendre à l'avenir ?*

3 Activité écrite

Une interview

Vous avez interviewé Omar Ba pour le journal de votre école. Vous trouverez ci-dessous les réponses qu'il a données. Vous devez maintenant reconstituer l'interview.

1   Rédigez d'abord une introduction. (N'oubliez pas que cette introduction doit présenter la personne interviewée et aussi donner envie au lecteur de lire l'entretien.) Vous pouvez vous inspirer des informations contenues dans l'article *Le récit de l'unique survivant* (voir unité 2.4, activité 5 dans le manuel) ou de renseignements trouvés sur Internet.

2   Puis, rédigez les questions qui correspondent à chaque réponse. Formulez vos questions en employant un registre soutenu.

Titre : *Soif d'Europe : un entretien avec Omar Ba*

Introduction ....
....
....
....

1   Journaliste : ....
   ....?

Omar Ba : J'ai d'abord écrit pour me faire du bien après cet épisode traumatique de ma vie, mais finalement, je suis fier d'avoir publié mon témoignage. Je parle d'un problème qui ne me concerne pas uniquement. Il touche des millions de jeunes Africains qui veulent eux aussi partir à la recherche d'une vie meilleure.

2   Journaliste : ....
   ....?

Omar Ba : À l'origine du problème, il y a l'école. À mon avis, l'école sénégalaise est une véritable « fabrique de clandestins ». En effet, au Sénégal, nous apprenons d'abord tout sur l'Europe, son histoire, sa géographie, son fonctionnement. L'Afrique, par contre, est plutôt négligée dans les cours. Selon moi, ce formatage de l'esprit est une manière tacite de dire qu'en Afrique, ça ne va pas très bien.

3   Journaliste : ....
   ....?

Omar Ba : Je ne voyais pas d'issue pour moi en Afrique. Ma mère s'est tuée à travailler pour payer mes études. Je ne voulais pas que ça continue ainsi.

4   Journaliste : ....
   ....?

Omar Ba : Bien sûr, les gens entendent dans les médias que des personnes meurent dans des pirogues. Mais ils croient que ce sont des exceptions. Personne ne connaît vraiment l'étendue de ce drame.

---

5 Journaliste : ....
.... ?

Omar Ba : À mon arrivée en Europe, j'ai vite découvert que l'Europe est loin d'être un Eldorado. En France aussi, je dois me battre pour vivre.

6 Journaliste : ....
.... ?

Omar Ba : Le mythe de l'Eldorado européen, il existe aussi à cause des immigrés. Ils vivent souvent dans des conditions très difficiles, mais ils ne parlent pas ouvertement de leur vécu. Pour sauver leur honneur et celui de leur famille, ils mentent à la famille restée au pays car ils ont honte d'avoir échoué.

7 Journaliste : ....
.... ?

Omar Ba : L'accueil négatif que mon livre a reçu au Sénégal s'explique facilement : je dis ce qu'il ne faut pas dire. Je casse le rêve de millions de jeunes Africains qui veulent partir en Europe.

8 Journaliste : ....
.... ?

Omar Ba : Lorsque je rencontre des jeunes au Sénégal, je ne leur dis pas : « Ne partez pas en Europe ». Quel droit aurais-je de faire cela ? Mais je leur dis : « Ne risquez pas votre vie, ne partez pas en pirogue. Cela ne vaut pas la peine. L'Europe ne vaut pas la peine qu'on se tue pour y arriver. »

9 Journaliste : ....
.... ?

Omar Ba : Je sais bien que je ne peux pas régler le problème à moi seul. Mais si je leur parle de ce que j'ai vécu, au moins, ils ne pourront pas dire qu'ils ne savaient pas.

10 Journaliste : ....
.... ?

Omar Ba : Mon plus grand succès ? (*Il sourit.*) Avoir pu convaincre mon frère de ne pas partir en Europe.

11 Journaliste : Merci de nous avoir accordé cet entretien.

Les réponses d'Omar Ba ont été adaptées de l'article suivant : www.europaforum.public.lu

Europe, terre promise ?

4 Grammaire en contexte

Les connecteurs temporels

Les connecteurs logiques servent à organiser un texte. Dans un récit, on utilise souvent une catégorie de connecteurs logiques appelés connecteurs temporels. Ceux-ci servent à :

* situer un fait ponctuel

    Exemple : *Bakary Coulibaly est sorti de l'hôpital <u>en fin de journée</u>.*

* faire progresser la chronologie du récit

    Exemple : *Il a été expulsé, <u>puis</u> il est revenu en France.*

1   Relisez les paragraphes 1 et 4 du texte *Un sans-papiers bordelais…* (voir unité 2.4, activité 12 dans le manuel) et relevez les connecteurs temporels. Attention : ceux-ci doivent soit situer un fait ponctuel, soit faire progresser le récit !

2   Complétez librement les phrases suivantes en vous inspirant de l'histoire de Bakary Coulibaly.

   a   Bakary Coulibaly vit maintenant à Bordeaux, mais **auparavant**…

   ....

   b   Il a passé cinq ans à Paris **avant de / d'**…

   ....

   c   **Après avoir** obtenu un visa de tourisme,…

   ....

   d   **Après** son arrestation en début d'année,…

   ....

   e   Bakary Coulibaly dormait tranquillement chez lui **quand tout à coup**,…

   ....

   f   **Dès qu'**il a entendu les policiers frapper à sa porte,…

   ....

   g   **Au moment où** les policiers ont ouvert la porte de l'appartement, ils…

   ....

   h   **Lorsque** les sans-papiers sont désespérés,…

   ....

   i   **Tant que** son état de santé ne sera pas satisfaisant,…

   ....

   j   Frédéric Alfos espère que Bakary pourra rester en France **une fois que**…

   ....

3 Ingéniosité humaine

3.1 Science, technologie et société

Comment les développements scientifiques et technologiques influencent-ils notre vie ?

La science dans la vie de tous les jours

1 Grammaire en contexte

L'expression de la cause et de la conséquence

1   Dans l'activité de compréhension orale (voir unité 3.1, activité 3 dans le manuel), plusieurs rapports de cause et de conséquence sont exprimés. Les phrases ci-dessous reprennent certaines des opinions exprimées par les personnes interrogées. Dans chaque cas, indiquez si l'expression en gras introduit une cause ou une conséquence.

> **Exemple :**
>
> Il faut l'apprendre **parce que** ça sera à l'examen. ....*(cause)*..........
>
> Les cours de science faisaient seulement appel à la mémorisation. **C'est pour cela** que je les détestais. ....*(conséquence)*.......

a   À l'école, mes cours de sciences étaient vraiment pourris. **Du coup**, j'ai l'impression d'être passé à côté de beaucoup de choses. ....

b   J'essaie de rattraper le temps perdu, **c'est pourquoi** je regarde des émissions scientifiques à la télé. ....

c   Les scientifiques passent leur temps à se contredire. **Résultat** : le public n'y comprend plus rien ! ....

d   Les experts n'arrivent même pas à se mettre d'accord, **alors** comment voulez-vous que le public sache quoi penser ? ....

e   Je fais de la recherche scientifique depuis plus de vingt ans, **donc**, de toute évidence, je peux dire que j'aime la science. ....

f   **Comme** j'adore résoudre des problèmes, il est bien évident que la recherche scientifique me passionne ! ....

g   En tant que scientifique, je m'inquiète. **En effet**, je vois ma liberté de recherche diminuer. ....

h   Les budgets universitaires consacrés à la recherche diminuent d'année en année. **Par conséquent**, les scientifiques se tournent vers l'entreprise privée pour financer leurs travaux. ....

i   **Faute d'**argent, notre laboratoire a pu mener moins de recherches que l'année dernière. ....

j   Je vois des chercheurs s'exiler **car** on leur offre de meilleures conditions de travail à l'étranger. ....

2   Complétez les phrases en exprimant une conséquence.

a   Le grand public s'intéresse de plus en plus aux grands enjeux environnementaux. C'est pourquoi…

....

b   Je suis passionnée d'astronomie, alors…

....

c   On a beaucoup investi dans la recherche sur le cancer ces dernières années, si bien que…

....

d   Sur Vénus, la température moyenne à la surface est de 460° C, donc…

....

e   La campagne de vaccination a connu un immense succès. Par conséquent,…

....

3   Complétez les phrases en exprimant une cause.

a   Comme .... , on a dû trouver une autre solution.

b   Les victimes de cette maladie dégénérative ont des raisons d'espérer puisque
....

c   Vu que .... , j'ai décidé d'acheter un nouvel ordinateur.

d   Étant donné que ...., les résultats de cette étude sont fortement contestés.

e   Pour le diplôme de l'IB, j'ai choisi de rédiger mon mémoire en biologie, car
....

4   Complétez les phrases suivantes avec *grâce à* ou *à cause de*. Faites les changements grammaticaux nécessaires.

    Exemple : Aujourd'hui, les gens vivent plus longtemps .... *grâce aux* .... progrès de la médecine.

a   .... des manifestations comme la Fête de la Science, les jeunes peuvent visiter des laboratoires et dialoguer avec des chercheurs.

b   J'ai perdu la dernière version de ma thèse de doctorat .... un virus informatique.

c   Pauline a pu poursuivre ses travaux sur le génome humain .... une bourse de recherche.

d   .... travaux de ce prix Nobel de physique, les communications par fibre optique sont beaucoup plus efficaces qu'avant.

e   L'expérience a échoué .... une mauvaise manipulation.

2 Activité écrite

Une lettre de candidature

Passionné(e) de science, vous aimeriez faire un stage dans un laboratoire universitaire pendant les vacances d'été. Écrivez une lettre de candidature que vous adresserez au directeur / à la directrice de ce laboratoire.

Rédigez de 250 à 400 mots pour les élèves de niveau moyen et de 450 à 600 mots pour les élèves de niveau supérieur.

Après avoir rédigé votre texte, servez-vous de la liste de vérification 13B au chapitre 6 du manuel pour vous assurer que vous avez utilisé tous les éléments nécessaires à la réalisation d'une lettre formelle.

Suivez le modèle proposé ci-dessous et servez-vous des expressions fournies.

Coordonnées de l'expéditeur

                                  Coordonnées du destinataire

                                        Lieu et date

Objet de la lettre

Formule d'appel

Introduction

Expliquez le but de la lettre

Je vous adresse ma candidature car…

Actuellement élève de terminale au lycée X, je suis à la recherche de…

Corps de la lettre

Justifiez votre candidature :

- expliquez ce qui vous intéresse dans ce stage

  Travailler dans votre laboratoire m'intéresse particulièrement car…

- mentionnez toute expérience pertinente

  J'obtiendrai mon diplôme du Baccalauréat International au mois de juillet / décembre et je compte ensuite entreprendre des études de…

  Dans le cadre de mon diplôme du Baccalauréat International, j'ai rédigé un mémoire de 4 000 mots sur…

- mentionnez les qualités qui font de vous le / la candidat(e) idéal(e)

Mes atouts sont…

Je possède de solides connaissances en…

Conclusion

Sollicitez poliment un entretien

J'espère vous avoir convaincu(e) de ma motivation et aimerais…

Je serais heureux / heureuse de pouvoir vous rencontrer afin de…

Formule de politesse

    Signature

    (Prénom et nom)

---

3 Activité écrite

Un rapport

Vous venez de terminer un stage dans un laboratoire de recherche. Rédigez le rapport que vous devez remettre au directeur / à la directrice du laboratoire.

Rédigez de 250 à 400 mots pour les élèves de niveau moyen et de 450 à 600 mots pour les élèves de niveau supérieur.

Après avoir rédigé votre texte, servez-vous de la liste de vérification 15B au chapitre 6 du manuel pour vous assurer que vous avez utilisé tous les éléments nécessaires à la réalisation d'un rapport.

Suivez le modèle de rapport proposé ci-dessous et servez-vous des expressions utiles fournies dans l'encadré.

Rapport de stage

Rédigé par :

À l'attention de :

Date :

Description du stage

- nature du stage (Qu'avez-vous fait exactement ? Avec qui ?)

- objectifs

- durée

Analyse du stage

- résultats obtenus

- points positifs

- points négatifs

Conclusion

- recommandations

Des expressions utiles pour rédiger un rapport

Lors de ce stage,...

- j'ai eu l'occasion de...

- j'ai eu la chance de...

- j'ai participé à...

- j'ai acquis...

- j'ai réalisé que...

- j'ai pu constater que...

- j'ai particulièrement apprécié...

À l'avenir,...

- il serait profitable de...

- on pourrait envisager...

- il faudrait peut-être que...

- il vaudrait mieux...

- je souhaiterais que...

- je suggère que...

L'expérimentation animale

---

4 Grammaire en contexte

Le subjonctif

Le subjonctif s'utilise après des verbes ou expressions qui expriment la nécessité ou l'obligation.

1 Un chercheur vient d'embaucher de jeunes stagiaires qui vont s'occuper des animaux de son laboratoire. Complétez les explications qu'il leur donne en mettant le verbe entre parenthèses au subjonctif.

> **Exemple :** Il faut d'abord que vous ....suiviez............ (*suivre*) une formation relative aux soins des animaux.

a Il faut bien sûr que vous .... (*lire*) attentivement le manuel de procédures.

b Il est obligatoire que les animaux .... (*avoir*) un régime alimentaire équilibré et appétissant.

c Il est nécessaire que nous leur .... (*fournir*) des aliments pasteurisés ou stérilisés.

d Il est indispensable que les animaux .... (*être*) hébergés dans des cages appropriées à leur espèce.

e Il faudra que vous .... (*observer*) les animaux au moins une fois par jour.

f Il est indispensable que les animaux .... (*avoir*) accès à de l'eau potable en tout temps.

g Il faut que les singes .... (*pouvoir*) jouer à des jeux stimulants.

h Il faut aussi que leur gardien officiel .... (*venir*) les voir régulièrement.

i Il est obligatoire que les cages des souris .... (*comporter*) un endroit où se cacher.

j Il est nécessaire que nous .... (*garder*) des registres complets et précis sur chaque animal.

Le subjonctif s'utilise après des verbes ou des expressions qui expriment le sentiment, la volonté ou l'opinion.

2 Complétez les phrases suivantes en respectant le point de vue prescrit et en employant le subjonctif.

Contre l'expérimentation animale

a Il est inadmissible que ....

b Il est injuste que ....

c Ça me révolte que ....

d Il serait préférable que ....

Pour l'expérimentation animale

e Moi, ça ne me dérange pas que ....

f Il est tout à fait normal que ....

g J'accepte que ....

h Le plus important, c'est que ....

3 Indicatif ou subjonctif ? Entourez le verbe principal, puis soulignez l'option correcte parmi les deux qui vous sont proposées.

Exemple : Je (crois) que la plupart des animaux de laboratoire _sont_ / soient bien traités.

a Nous désirons que le gouvernement _intervient_ / _intervienne_ pour mettre fin à ces pratiques barbares.

b J'imagine que les résultats obtenus sur l'animal _sont_ / _soient_ extrapolables à l'humain.

c J'aimerais que vous vous _mettez_ / _mettiez_ à la place de ces pauvres animaux.

d Nous exigeons que la société Biotechpharma _réduit_ / _réduise_ le nombre d'expériences pratiquées sur des animaux.

e Je constate que la médecine _a_ / _ait_ progressé grâce à l'expérimentation animale.

f J'espère qu'on _prend_ / _prenne_ bien soin des animaux dans ce laboratoire.

g Je remarque que beaucoup de défenseurs des animaux _sont_ / _soient_ aussi végétariens.

h Je crains que ce produit n'_a_ / _ait_ été testé sur des animaux, alors je préfère ne pas l'acheter.

i Nous pensons que l'expérimentation animale _est_ / _soit_ inutile et cruelle.

j Je regrette que le public ne _comprend_ / _comprenne_ pas les véritables enjeux scientifiques autour de l'expérimentation animale.

3.2 Les arts et nous

À quoi servent les arts ?

L'art pour témoigner

1 Activité lexicale

L'art de la rue

Comment parler de l'art de la rue ? Voici quelques mots et expressions utiles.

Qui sont-ils ?

l'artiste (*m* / *f*)	le / la passant(e)	le public	le vandale
le graffeur / la graffeuse	le / la peintre	le tagueur	

Que font-ils ?

l'art de la rue (*m*)	le dessin	le tableau
l'art éphémère (*m*)	la fresque	le tag
l'art urbain (*m*)	le graffiti	la toile
le chef-d'oeuvre	l'oeuvre (*f*)	
le croquis	la peinture	

Où peut-on voir leurs œuvres ?

l'espace public (*m*)	le mur	le trottoir
l'exposition (*f*)	le musée	
la façade d'un édifice	la rétrospective	

Comment travaillent-ils ?

la bombe aérosol	le contraste	le pinceau
la composition	les couleurs vives / primaires	

À quoi sert l'art ? Il sert à…

célébrer	dénoncer	étonner	refléter
communiquer	dépayser	exprimer	remettre en question
déchiffrer	déranger	faire réfléchir	témoigner
décorer	embellir	faire voir	transformer

1 Associez chaque mot à sa définition. Inscrivez la lettre qui correspond à la bonne réponse dans la case.

1 une bombe aérosol ☐   A une œuvre d'art peinte

2 une fresque ☐   B une merveille

3 un tableau ☐   C un objet utilisé par les graffeurs pour peindre

4 une exposition ☐   D une peinture faite sur un mur

5 un chef-d'œuvre ☐   E une présentation d'œuvres d'art

2 Complétez le texte avec les mots proposés.

AGIR DANS L'ILLÉGALITÉ	DÉNONCE	FAÇADES	TAGUER
ARTISTE	ESPACES PUBLICS	GRAFFEUR	VANDALISME

L'art de la rue ou le street art a longtemps été considéré comme du

[a] .... [b] ....

les [c] .... des bâtiments en ville ou les

[d] .... était mal vu et les artistes devaient

[e] .... Un [f] .... est

maintenant considéré comme un véritable [g] .... qui

[h] .... les travers de notre société.

2 Activité écrite

Une interview

Vous avez interviewé un(e) artiste de la rue pour le journal de votre école. Vous trouverez ci-dessous les questions auxquelles il / elle a répondu. Vous devez reconstituer l'interview.

Rédigez d'abord un titre et une introduction. N'oubliez pas que cette introduction doit présenter la personne interviewée.

Rédigez de 250 à 400 mots pour les élèves de niveau moyen et de 450 à 600 mots pour les élèves de niveau supérieur.

Titre : ....

Introduction : ....

....

....

....

....

Journaliste : Qu'est-ce qui vous plaît le plus dans le street art ?

Street artiste : ....

....

Journaliste : Quels sont les sujets de vos dessins ?

Street artiste : ....

....

Journaliste : À qui s'adressent vos dessins ?

Street artiste : ....

....

Journaliste : Le street art, comme tous les arts, est un moyen de communication. Quel message cherchez-vous à communiquer ?

Street artiste : ....

....

Journaliste : Comment voudriez-vous que les gens réagissent à vos graffiti ?

Street artiste : ....

....

Journaliste : Quelles sont vos sources d'inspiration ?

Street artiste : ....

....

Journaliste : Comment définiriez-vous votre style ?

Street artiste : ....

....

Journaliste : Préparez-vous vos graffiti à l'avance ?

Street artiste : ....

....

Journaliste : Quels sont vos projets ?

Street artiste : ....

....

Journaliste : Merci de nous avoir accordé cet entretien.

L'art pour transformer la société

3 Activité écrite

Un courriel

Vous êtes un(e) des élèves de l'école créée par Zahia Ziouani. Rédigez un courriel à l'un(e) de vos ami(e)s, dans lequel vous lui faites part de votre expérience et l'incitez à faire partie de cette nouvelle école de musique et de danse.

Utilisez le schéma et le vocabulaire proposés pour vous aider à structurer votre courriel et à le rendre plus convaincant. Rédigez de 250 à 400 mots pour les élèves de niveau moyen et de 450 à 600 mots pour les élèves de niveau supérieur.

Après avoir rédigé votre texte, servez-vous de la liste de vérification 4B au chapitre 6 du manuel pour vous assurer que vous avez utilisé tous les éléments nécessaires à la réalisation d'un courriel.

Structure	Message	Vocabulaire
1 Objet du courriel		
2 Formule d'appel	Quelle formule de politesse est la mieux adaptée à vos rapports avec un(e) ami(e) ?	
3 Introduction	Motif du courriel Information : qui, quoi, où, Objectif Encouragement à participer	une école de musique, une école de danse jouer d'un instrument un orchestre, le chef d'orchestre célèbre, renommé, bien connu la banlieue, les habitants, le quartier le talent, doué(e) combattre les préjugés faire partie, s'inscrire, participer à, assister à pourquoi ne pas… en tant que
4 Inciter à participer à cette école de musique / à cette école de danse	Raisons pour la suggestion : expérience personnelle dans l'orchestre ce que la participation va apporter à votre ami(e)	épanouissement personnel découverte de la musique classique / de la danse plaisir, bonheur, estime de soi, confiance ouverture envers les autres combattre les préjugés, voir la banlieue autrement diverses nationalités, différents milieux sociaux donc, par conséquent
5 Rappel des faits	Aide pratique Expression de votre enthousiasme	soutien, bourse il ne faut pas hésiter, il faut oser, une décision, c'est pourquoi enfin
6 Formule de politesse et prénom	Quelle formule finale est la mieux adaptée à vos rapports avec un(e) ami(e) ?	

L'art pour dénoncer

4 Grammaire en contexte

Les pronoms démonstratifs suivis d'un pronom relatif simple

Observez le tableau ci–dessous.

Masculin singulier	Féminin singulier	Masculin pluriel	Féminin pluriel
celui (qui, que, dont, où)	celle (qui, que, dont, où)	ceux (qui, que, dont, où)	celles (qui, que, dont, où)

On utilise les pronoms démonstratifs pour éviter les répétitions. Le pronom démonstratif s'accorde en genre et en nombre avec le nom qu'il remplace :

* *Je connais bien <u>cette photo</u> ; c'est **celle qui** a remporté le premier prix.*

* *J'ai entendu parler de <u>ce photographe</u> ; c'est **celui qui** a publié une anthologie au profit de* Reporters sans frontières.

* *<u>Ces photos sont célèbres</u> ; ce sont **celles que** j'ai vues à Paris le mois dernier.*

* *<u>Les reportages</u> de ce photographe sont mondialement connus ; surtout **ceux qui** ont pour sujet la guerre et la famine.*

* *<u>Le photographe</u> qui vient d'être admis à l'Académie des beaux-arts à Paris est **celui dont** toute la presse parle.*

* *Ce photographe a fait des reportages dans <u>de nombreux pays</u> ; surtout dans **ceux où** la guerre faisait rage.*

1 Complétez le dialogue avec *celui, celle, ceux* ou *celles*.

— Tu es allée à la dernière expo de Sebastião Salgado ?

— Tu veux parler de .... *celle* .... qui a lieu au musée du Jeu de Paume ?

— Oui, [a] .... dont toute la presse parle en ce moment.
[b] .... qui y sont allés en ressortent enchantés.

— Salgado est vraiment un grand artiste. C'est [c] .... qui vient d'être élu à l'Académie des beaux-arts, non ?

— C'est ça ! Ses photos sont magnifiques. Ce sont [d] .... qu'il a prises lors de son reportage sur une mine d'or au Brésil. Je préfère [e] .... qui représente un ouvrier vu de dos.

2 Complétez la deuxième partie du dialogue avec *qui*, *que*, *dont* ou *où*.

– Sais-tu qu'il a travaillé pour les plus grandes agences photographiques, celles
[a] .... tous les photographes aimeraient travailler et celles
[b] .... nous font tous rêver ? Il s'est aussi beaucoup intéressé
à ceux [c] .... les conditions de vie sont difficiles, comme les
migrants ou les mineurs. Il n'a pas hésité à montrer des scènes de vie effroyables, celles
[d] .... , parfois, la presse ne nous montre pas. D'ailleurs cela n'a pas
toujours été au goût de certains. Ceux [e] .... le critiquent pensent
qu'il commercialise la misère du monde.

3 Complétez la fin du dialogue avec *celui*, *celle*, *ceux* ou *celles* + *qui*, *que*, *dont* ou *où*.

– Mais qui peut bien dire cela ? N'est-ce pas le rôle d'un artiste de nous faire découvrir les
problèmes de notre société, [a] .... on n'a parfois pas conscience
qu'ils existent ?

– Si, bien sûr ! Ces personnes-là sont [b] .... n'ont pas compris
ce que Salgado voulait dire. À travers ses photos, il veut exprimer plusieurs idées et
[c] .... lui tient le plus à cœur est le fait que, malgré nos différences,
nous sommes tous égaux.

– J'ai entendu dire que, grâce à une ONG, [d] .... il a créée avec
sa femme, il a aussi aidé à reboiser un domaine au Brésil, [e] il
a grandi.

– Il a récemment été reconnu du grand public grâce à un documentaire,
[f] .... Wim Wenders et son fils ont réalisé au sujet de son
œuvre. Il a toujours aimé collaborer avec les journalistes et il n'a jamais oublié
[g] .... travaillent dans les lieux de répression et de guerre. Il a donc
publié une anthologie au profit de *Reporters sans frontières* avec ses photos les plus connues.
[h] .... fait la couverture est particulièrement frappante. Il a reçu
de nombreuses distinctions et [i] .... il est le plus fier est sa récente
élection à l'Académie des beaux-arts. [j] .... y siègent font partie des
artistes francophones les plus reconnus.

3.3 Les arts, miroir des sociétés francophones

Comment les arts peuvent-ils nous aider à comprendre une culture ?

La musique

1 Grammaire en contexte

L'accord des adjectifs qualificatifs

Rappel de la règle générale : L'adjectif s'accorde en genre (masculin ou féminin) et en nombre (singulier ou pluriel) avec le nom auquel il se rapporte.

L'accord au féminin

1 Normalement, on ajoute un -e à la forme du masculin pour former le féminin des adjectifs. Il y a de nombreuses exceptions à cette règle générale et pour les adjectifs se terminant par une consonne. Pouvez-vous donner un exemple dans chaque cas ? Inscrivez-les dans la grille.

Terminaison au...		Exemples d'adjectifs	
masculin	féminin	masculin	féminin
-e	-e	juste	juste
-l	-lle		
-n	-nne		
-s	-sse		
-er	-ère		
-f	-ve		
-eux	-euse		
-eur	-euse		

Les adjectifs irréguliers

2   Les adjectifs dans l'encadré sont parmi les adjectifs qualificatifs irréguliers les plus fréquents.
    Vous souvenez-vous de la forme féminine ? Inscrivez-la dans la grille.

Masculin singulier	Féminin singulier
blanc	....
doux	....
faux	....
favori	....
fou	....
frais	....
long	....
public	....
sec	....

Le cas de *beau*, *vieux* et *nouveau*

3   Qu'est-ce que l'accord de ces adjectifs a de particulier ? Complétez la grille.

Masculin singulier	Masculin singulier + nom commençant par une voyelle ou un *h* muet	Féminin singulier
un **beau** concert	un .... opéra	une **belle** chanteuse
un **nouveau** musée	un .... orchestre	une **nouvelle** exposition
un **vieux** groupe	un .... homme	une **vieille** chanson

L'accord au pluriel

Rappel de la règle générale : On ajoute -*s* à la forme du singulier.

4   Dans d'autres cas, savez-vous compléter la règle ?

Que se passe-t-il si l'adjectif se termine en -*eau* ?

• Il faut / Il ne faut pas ....

Et si l'adjectif se termine en -*s* ou -*x* ?

• Il faut / Il ne faut pas ....

Ou quand l'adjectif se rapporte à plusieurs noms et que l'un d'entre eux est masculin ?

• Il faut / Il ne faut pas ....

3

La Fête de la Musique

1 Soulignez la forme correcte de l'adjectif.

   Exemple : les musiciens <u>*professionnels*</u> / *professionnelles* / *professionnelle*

a une manifestation *national* / *nationales* / *nationale*

b la nuit la plus *court* / *courtes* / *courte*

c de *nombreux* / *nombreuse* / *nombreuses* visiteurs

d *différents* / *différentes* / *différent* animations

e un concert *gratuit* / *gratuite* / *gratuits*

f un succès *croissante* / *croissant* / *croissants*

g tous les genres *musicales* / *musical* / *musicaux*

h des groupes *locales* / *locaux* / *locale*

i quelques poids lourds *internationales* / *international* / *internationaux*

j un phénomène *sociales* / *sociaux* / *social*

2 Soulignez la forme correcte de l'adjectif.

La Fête de la Musique est un événement *incontournables* / <u>*incontournable*</u> pour les
[**a**] *bons* / *bon* musiciens. Marielle et Matthieu sont [**b**] *fou* / *fous* de musique et, ce soir-là, ils
ont organisé un concert [**c**] *gratuits* / *gratuit* au café du village. Pendant que les clients sirotaient
leur boisson [**d**] *frais* / *fraîche* et dégustaient des spécialités [**e**] *italiennes* / *italiens*, ils ont joué
des morceaux [**f**] *harmonieux* / *harmonieuse* et [**g**] *chantant* / *chantants*. Matthieu jouait de son
[**h**] *nouveau* / *nouvel* accordéon et Marielle avait peur de faire une [**i**] *faux* / *fausse* note au piano.
La soirée s'est terminée par de [**j**] *longue* / *longs* applaudissements.

3 Mettez les adjectifs entre parenthèses à la forme qui convient.

Exemple : une soirée ....*merveilleuse*.......... (*merveilleux*)

La [**a**] .... (*premier*) fois que j'ai assisté à un concert, j'ai vu ma
chanteuse [**b**] .... (*favori*). Le public lui avait réservé un
[**c**] .... (*beau*) accueil. Elle portait une [**d**] .... (*nouveau*)
robe [**e**] .... (*léger*) et jouait de la guitare [**f**] .... (*sec*).
Elle a chanté des chansons [**g**] .... (*doux*) et elle a entonné un
[**h**] .... (*vieux*) air [**i**] .... (*traditionnel*). L'émotion
était [**j**] .... (*vif*) dans la salle.

Le 7e art

2 Compréhension écrite et Activité lexicale

Le cinéma

Lisez les deux critiques au sujet du film d'animation *Aya de Yopougon*. Quel jugement les critiques portent-ils sur le film ? De quels aspects du film est-il question ?

Aya de Yopougon ★★★★★	L'humour et la tendresse d'Abidjan s'invitent dans les salles obscures
Réalisé par : Marguerite Abouet et Clément Oubrerie Avec les voix de : Aïssa Maïga, Tatiana Rojo, Tella Kpomahou Genre : Animation Durée : 1 heure 24 minutes Date de sortie : 17 juillet 2013 Nationalité : Français	À la fin des années 70 à Yopougon, un quartier populaire d'Abidjan, Aya, âgée de 19 ans, préfère étudier plutôt que sortir avec ses copines, Adjoua et Bintou. Un jour, Adjoua tombe enceinte et tous se demandent qui est le père de l'enfant. Les auteurs, Marguerite Abouet et Clément Oubrerie, ont réussi ici un véritable tour de force tant l'adaptation de leur célèbre bande dessinée s'avère être une réussite. Il est clair qu'ils ont beaucoup travaillé sur les voix et les démarches des personnages pour conserver l'authenticité et la couleur du récit original. Le film dépeint la vie quotidienne de ce quartier avec une tendresse réaliste mais sans complaisance et aborde des sujets graves et universels avec un humour ponctué d'argot abidjanais. Un régal !

Aya de Yopougon ★☆☆☆☆	Abidjan pas sous son meilleur jour
Réalisé par : Marguerite Abouet et Clément Oubrerie Avec les voix de : Aïssa Maïga, Tatiana Rojo, Tella Kpomahou Genre : Animation Durée : 1 heure 24 minutes Date de sortie : 17 juillet 2013 Nationalité : Français	Dans les années 70 à Yopougon, un quartier d'Abidjan, Aya et ses amies Adjoua et Bintou cherchent à se forger un destin et à faire face aux épreuves de leur vie de jeunes adultes. Marguerite Abouet et Clément Oubrerie, les auteurs et metteurs en scène, ont eu la bien mauvaise idée d'adapter leur célèbre bande dessinée à l'écran. En effet, le film est pauvrement animé, les couleurs sont fades, le récit est trop simpliste et les personnages qui manquent clairement de substance ne sont pas attachants et frôlent parfois la caricature. Souvent répétitive et sans relief, cette adaptation ne tient vraiment pas la route et vous tirera des bâillements dès les premières minutes. Ne perdez pas votre temps et lisez plutôt la bande dessinée originale. Décevant !

3

1 Remplissez la grille suivante en vous aidant des deux critiques au sujet du film *Aya de Yopougon*.

	Critique positive	Critique négative
Titre de la critique		
Intrigue		
Personnages		
Impression générale		

2 Les expressions suivantes pourraient servir à conclure une critique de film positive ou une critique de film négative. Reportez-les dans la colonne appropriée de la grille.

Un des meilleurs films de l'année !	Prodigieux !	Un chef-d'œuvre !
Un navet !	Une belle surprise !	Au panier !
Un nanar !	N'y allez pas !	Restez chez vous !
Trop prévisible.	Ça vaut le coup d'y aller !	Tordant !
Des longueurs !	Courez-y vite !	Un pur moment de cinéma !
Un vrai plaisir !	Passionnant !	Ridicule !
Je vous le recommande mille fois.	Nul !	

Critique positive	Critique négative
....	....
....	....
....	....
....	....
....	....
....	....
....	....
....	....
....	....

3 Répondez aux questions en choisissant les réponses qui pourraient servir à rédiger une critique de film. Cochez les bonnes réponses. Pour chaque question, plusieurs réponses sont possibles.

1 Quel pourrait être le titre de votre critique ?

A Le flop ! ☐

B J'ai l'honneur de vous informer de la sortie d'un nouveau film. ☐

C Notre coup de cœur ☐

D La violence au cinéma, qu'en pensez-vous ? ☐

E Notre bonnet d'âne de la semaine ☐

2 Comment pourriez-vous présenter l'intrigue ?

A L'adaptation du roman est trop scolaire. ☐

B Une attaque de banque a eu lieu ce matin en plein centre de Bruxelles. ☐

C Finalement, tu pars où en vacances cet été ? ☐

D Le scénario est bien ficelé et nous tient en haleine. ☐

E Le scénariste met la barre très haut et nous donne sa propre vision de l'actualité. ☐

3 Comment pourriez-vous présenter les personnages ?

A Les acteurs sont plus vrais que nature. ☐

B Une interview exclusive avec les deux acteurs principaux. ☐

C Mathieu Amalric a reçu de nombreux prix d'interprétation. ☐

D Aucun acteur ne tire son épingle du jeu. ☐

E Les acteurs nous font une démonstration de grand n'importe quoi. ☐

4 Comment pourriez-vous parler de la bande son ?

A La musique nous berce tout le long de l'histoire. ☐

B La bande son est déjà culte. ☐

C Si on allait à un concert samedi soir ? ☐

D La musique nous hurle dans les oreilles et on n'entend pas les dialogues. ☐

E La musique fait partie intégrante du film. ☐

5 Comment pourriez-vous conclure la critique ?

A Inégal mais troublant ☐

B Rarissime ☐

C Veuillez agréer, Monsieur le directeur, mes sincères salutations. ☐

D Un choc artistique majeur ☐

E Déçu ! ☐

Le folklore

3 Activité écrite et orale

Le patrimoine culturel immatériel de l'UNESCO

Selon l'UNESCO, le patrimoine culturel immatériel comprend les traditions ou les expressions vivantes héritées de nos ancêtres et transmises à nos descendants. On y retrouve les traditions orales, les arts du spectacle, les pratiques sociales, rituels et événements festifs, les connaissances et pratiques concernant la nature et l'univers ou les connaissances et le savoir-faire nécessaires à l'artisanat traditionnel.

https://ich.unesco.or

Voici quelques exemples des pratiques et expressions culturelles du patrimoine immatériel de l'UNESCO.

Belgique	Le Carnaval de Binche
Bénin / Togo / Nigéria	Le patrimoine oral Gèlèdé
Burkina Faso / Côte d'Ivoire / Mali	Les pratiques et expressions culturelles liées au balafon des communautés Sénoufo
Côte d'Ivoire	Le Gbofe d'Afounkaha : la musique des trompes traversières de la communauté Tagbana
France	Le fest-noz : rassemblement festif basé sur la pratique collective des danses traditionnelles de Bretagne
	Le repas gastronomique des Français
Guadeloupe	Le gwoka : musique, chants, danses et pratique culturelle représentatifs de l'identité guadeloupéenne
Luxembourg	La procession dansante d'Echternach
Madagascar	Le savoir-faire du travail du bois des Zafimaniry
Mali	La sortie des masques et des marionnettes de Markala
Sénégal	Le xooy : cérémonie divinatoire chez les Serer du Sénégal

Choisissez la pratique ou l'expression culturelle qui vous intéresse, puis faites une recherche en consultant, par exemple, le site de l'Unesco *Qu'est-ce que le patrimoine culturel immatériel ?* Répondez aux questions suivantes :

a   Quelle pratique / expression culturelle avez-vous choisie ? Où se pratique-t-elle ?

b   De quand date cette pratique / expression culturelle ?

c   Que représente-t-elle pour son pays ? Pour le reste du monde ?

d   Expliquez pourquoi l'UNESCO protège cette pratique / expression culturelle.

À l'aide des notes que vous avez prises au cours de votre recherche, préparez un exposé de cinq minutes que vous présenterez à la classe.

3.4 Le monde vu par les médias

Comment les médias influencent-ils nos rapports avec les autres ?

Les médias et moi

1 Activité lexicale

La presse écrite

Testez vos connaissances en lisant dans la grille les mots concernant la presse. Les connaissez-vous ?

les actualités… locales / régionales / nationales / internationales	la couverture de l'actualité / couvrir un événement	faire l'actualité	publier une information
un quotidien	un hebdomadaire	un mensuel	un magazine
faire la manchette	la une	être à la une / faire la une	la rubrique
le rédacteur en chef / la rédactrice en chef	l'équipe de rédaction	le / la journaliste	le (grand) reporter
un éditorial	un fait divers	un reportage	une enquête
une critique	une chronique	un compte rendu	un témoignage
un scoop	être abonné à qqch	un abonnement	la presse gratuite
la liberté de la presse	l'indépendance des médias	la censure	la propagande
la rigueur journalistique	avoir un parti pris	le sensationnalisme	la presse à sensation

1 Choisissez dans la grille le mot ou l'expression qui convient pour compléter les phrases suivantes.

    a   Un .... est une publication qui paraît chaque semaine.

    b   Je suis .... à l'édition en ligne du journal *Le Monde* parce que je veux avoir accès à la totalité des articles.

    c   Certains journalistes essaient d'être objectifs, mais ils ne le sont pas toujours entièrement : ils ont ....

    d   C'est triste à dire, mais le .... fait vendre les journaux.

e Depuis des mois, c'est la campagne électorale présidentielle qui
.... des journaux.

f La / L'.. est une des valeurs fondamentales
quand on vit dans un pays démocratique.

g La .... et l'Internet livrent une forte concurrence
aux journaux traditionnels.

h Ce journal consacre plusieurs pages aux .... :
crimes, accidents, incendies, événements insolites… Franchement, quel intérêt ?

i L'organisation *Reporters sans frontières* dénonce la
.... pratiquée dans certains pays.

j Pour mieux comprendre le phénomène du racisme, notre journal souhaite recueillir des
.... de personnes qui en ont déjà été victimes.

2 Sur une feuille, formez des titres en associant deux éléments parmi ceux qui sont proposés.
Plusieurs réponses sont possibles.

Marche blanche en mémoire	Se coucher tard favoriserait	des victimes de l'explosion
La France sous le choc	Un dimanche en or	Caché dans la roue de l'avion
pour nos basketteuses	pour la fête des seniors	après l'attentat il échappe à la mort
Une belle journée La grève des poids-lourds	à la veille des élections	Tensions vives au Burundi
la dépression chez les ados	perturbe la circulation en région parisienne	

3 À quelle rubrique du journal se rapportent les titres ci-dessous ? Reportez les lettres
(a–j) dans la grille.

a Baisse du chômage : on n'y est pas encore…

b Alerte pollution : circulation alternée mise en place

c Un patch pour contrôler votre niveau de sucre

d Neige-verglas dans le sud : un skieur tué par une avalanche

e Où sont les plages les moins polluées ?

f *La Danse de la joie* : le tube de l'été

g Une nouvelle main bionique dévoilée demain à l'hôpital de Genève

h Harcèlement au collège : profs et élèves s'engagent

i *Taxi* de retour sur nos écrans !

j Alerte orange : la canicule arrive sur la Belgique

Météo	Santé	Société	Loisirs	Environnement

4 Comme vous avez pu le constater dans l'activité précédente, les titres des articles sont souvent des phrases sans verbe conjugué dans lesquelles les noms apportent tout le sens. Pour vous aider à créer des titres qui percutent, quels sont les noms que vous pouvez former à partir de ces verbes ?

Exemple : mourir

.........._le / la mort_...........

acheter	échouer	ouvrir ....
adopter	s'évader	polluer ....
augmenter	fermer	réagir ....
créer	manifester	réduire ....
décider	se marier	rompre ....
démolir	se noyer	terroriser ....

5 À partir de trois des noms de l'activité précédente, rédigez trois titres d'articles.

a ....

b ....

c ....

À partir d'un de ces trois titres, rédigez le premier paragraphe de l'article. Dans un premier paragraphe, on explique quoi (les faits, ce qui s'est passé) ; quand (date, jour, moment de la journée) ; où (pays, ville, région, endroit précis) ; qui (tous les protagonistes impliqués dans les faits).

2 Grammaire en contexte

La forme passive

Dans les médias, le choix de la forme active ou passive peut trahir le point de vue du journaliste et influencer l'opinion du public.

Observez les phrases suivantes. Elles ont été tirées de reportages différents. À votre avis, en quoi présentent-elles des versions différentes de la même information ?

- _L'armée a bombardé deux villages._ (forme active)

  Deux villages ont été bombardés par l'armée. **(forme passive)**

- _Autotech a supprimé 7 000 emplois._ (forme active)

  7 000 emplois ont été supprimés chez Autotech. **(forme passive)**

Dans les deux cas, la même information est transmise, mais l'accent est mis sur des éléments différents. Lorsqu'on emploie la forme active, on met en valeur la personne ou la chose qui fait l'action. Avec la forme passive, c'est plutôt la personne ou la chose subissant l'action qui est mise en valeur.

3

1 Mettez les phrases suivantes à la forme passive.

> **Exemple :** Aujourd'hui, on a annulé tous les vols à l'aéroport international de Genève.
>
> *Aujourd'hui, tous les vols ont été annulés à l'aéroport international de Genève.*

a En Italie, on relance le débat sur l'euthanasie.

....

b On a interrompu le trafic aérien à Paris en raison d'une forte tempête.

....

c On a enregistré des rafales de 150 km/h cette nuit dans le Jura.

....

d Les flammes ont détruit 350 000 hectares de végétation dans le sud-est de l'Australie.

....

e Faute d'argent, on a interrompu les travaux de rénovation du Centre des congrès.

....

f La grève de mardi prochain n'affectera pas les transports publics.

....

g On a libéré le dernier otage politique hier en Colombie.

....

h Au Proche-Orient, on a signé un accord de paix fragile.

....

i Le chômage touche deux millions de Canadiens.

....

2 Mettez les phrases suivantes à la forme active. Si la personne ou la chose qui fait l'action n'est pas mentionnée, employez le pronom *on*.

> **Exemple :** Chaque jour, dans le monde, 200 milliards de spams sont envoyés.
>
> *Chaque jour, dans le monde, on envoie 200 milliards de spams.*

a Des véhicules plus propres seront développés par Renault.

....

b Aucun journaliste n'est admis dans la zone rebelle.

....

c L'attentat a été revendiqué par un groupe terroriste inconnu des autorités.

....

d L'industrie de l'automobile est durement touchée par la crise économique mondiale.

....

e Quatre manifestants ont été tués par la police.

....

f Trente momies vieilles de 4 300 ans ont été découvertes près du Caire.

....

g Le record du monde a été pulvérisé par une jeune recrue de 17 ans.

....

h Une femme de 75 ans a été renversée par une voiture.

....

i Des panneaux solaires seront installés sur le toit de la mairie.

....

Le regard des médias

3 Activité écrite

Une lettre de protestation

Vous venez de regarder à la télévision un reportage sur un pays que vous connaissez bien. Selon vous, ce reportage n'était qu'une suite de clichés. Indigné(e), vous écrivez une lettre de protestation que vous faites parvenir à Jacqueline Joubert, directrice de la programmation.

Rédigez votre lettre en suivant le modèle qui vous est proposé.

(Coordonnées de l'expéditeur)

....

....

              (Coordonnées du destinataire)

              ....

              ....

              ....

              (Date) ....

Objet : ....

(Formule d'appel)

(Introduction : rappel de la situation + message principal)

....

....

(Corps de la lettre)

(Argument 1) ....

....

....

(Argument 2) ....

....

....

(Conclusion : ce que vous aimeriez que le destinataire fasse)

....

....

(Formule de politesse)

....

              (Signature) ....

Une fois votre texte rédigé, servez-vous de la liste de vérification 13B au chapitre 6 du manuel pour vérifier si vous avez utilisé tous les éléments nécessaires à la réalisation d'une lettre officielle.

4 Organisation sociale

4.1 Moi et mes proches

Quels sont nos liens avec les gens que nous côtoyons ?

Vive la famille !

1 Grammaire en contexte

L'impératif

Dans son article *Tanguy, mode d'emploi* (voir unité 4.1, activité 5 dans le manuel), la journaliste donne des conseils aux Tanguy sur la façon dont ils doivent se comporter chez leurs parents. Pour ce faire, la journaliste utilise l'impératif.

Les conseils suivants sont tirés du texte :

* *Traitez vos parents comme des colocataires.*

* *Ne videz pas la meilleure bouteille de scotch.*

* *N'attendez pas la dernière minute pour donner une réponse (si vos parents vous invitent à souper le samedi soir avec votre conjoint).*

* *Ne vous comportez pas comme le chat de la maison.*

Savez-vous utiliser l'impératif pour donner des conseils ? Testez vos connaissances ci-dessous.

1   Voici quelques phrases qu'un Tanguy pourrait adresser à ses parents. Complétez-les en conjuguant les verbes à l'impératif.

   a   .... (*faire*) comme si je n'étais pas là !

   b   .... (*me dire*) si je vous dérange.

   c   .... (*m'excuser*) de mon retard, je n'ai pas vu l'heure.

   d   Coucou ! .... (*dire*) bonjour à mes amis.

   e   .... (*être*) sympa et

      .... (*me prêter*) la bagnole ce soir.

   f   .... (*ne pas s'énerver*), je ferai la vaisselle tout à l'heure !

g .... (*ne pas se comporter*) comme des parents vieux jeu !

h .... (*avoir*) confiance ! Je trouverai bientôt un appart !

i .... (*être*) optimistes ! Je finirai bien par partir un jour !

2 Voici quelques phrases qu'un Tanguy pourrait adresser à sa mère. Complétez-les en conjuguant les verbes à l'impératif.

a .... (*me lâcher*) les baskets ! Je réviserai pour mes examens tout à l'heure !

b .... (*ne pas s'en faire*), je vais me lever ; il n'est pas encore midi !

c .... (*ne pas me regarder*) comme ça ! Je ne suis pas un extraterrestre !

d .... (être) gentille ! Tu peux me repasser cette chemise ?

e .... (*ne pas ranger*) ma chambre, s'il te plaît ; je ne trouve plus rien !

3 Vous aimez vos parents. Vous voulez que tout se passe bien. Comment négociez-vous avec eux ?

   Exemple : .....*Entendons-nous !*..... (*s'entendre*)

Complétez les phrases suivantes de la même façon.

a .... (*partager*) les tâches ménagères ! Désormais, je ferai mon lit !

b .... (*s'apprécier*) les uns les autres !

c .... (*manger*) ensemble ! Maman, tu fais la cuisine et je te regarde faire !

d .... (*ne plus jamais se disputer*) !

e .... (*inviter*) mes amis à dîner. Je sais que vous allez les adorer.

4 Et vous, quels conseils aimeriez-vous donner à un Tanguy ? Utilisez l'impératif.

a ....

b ....

c ....

d ....

5 Quels conseils pourriez-vous donner à l'intention des parents d'un Tanguy ? Utilisez l'impératif.

a ....

b ....

c ....

d ....

L'amitié

2 Activité lexicale

Accord et désaccord

Pour vous permettre de mieux parler de l'amitié, complétez la grille suivante.

Mots de la même famille		
Nom	Adjectif masculin singulier	Adjectif féminin singulier
l'arrogance (*f*)	*arrogant*	*arrogante*
		franche
	fiable	
la paresse		
	têtu	
		intègre
la générosité		
	insensible	
la malhonnêteté		
		jalouse
	hypocrite	
		altruiste
la compréhension		

3 Activité écrite

Une page de journal intime

Vous venez de vous disputer avec l'un(e) de vos ami(e)s. Dans votre journal intime, vous expliquez les raisons de ce désaccord et vous exprimez vos sentiments face à cette situation. Vous réfléchissez aussi à la manière de résoudre le problème.

Rédigez de 250 à 400 mots pour les élèves de niveau moyen et de 450 à 600 mots pour les élèves de niveau supérieur.

Après avoir rédigé votre texte, servez-vous de la liste de vérification 11B au chapitre 6 du manuel pour vous assurer que vous avez utilisé tous les éléments nécessaires à la réalisation d'une page de journal intime.

L'amour ?

4 Activité lexicale

Les registres de langue

Voici des phrases tirées du texte *Premier baiser* (voir unité 4.1, activité 11 dans le manuel). Transformez le registre familier en registre courant. Indiquez en cochant la case appropriée ce qui vous permet de dire qu'il s'agit du registre familier.

Registre familier	Registre courant	Vocabulaire	Syntaxe
Je croyais qu'ils allaient faire la semaine.	*Je croyais qu'ils allaient durer toute la semaine.*	✓	
1 Il bouffe tous mes crackers.			
2 Ça ressemble vraiment pas à ce que j'avais imaginé.			
3 Je lui en veux à Nabil de m'avoir volé mon premier baiser.			
4 [Il a] descendu mon paquet de biscuits salés.			

Voici d'autres phrases au registre familier. Transformez-les en un registre courant. Indiquez en cochant la / les case(s) appropriée(s) ce qui vous permet de dire qu'il s'agit du registre familier.

Registre familier	Registre courant	Vocabulaire	Syntaxe
1 Je sais plus son nom.			
2 C'est qui qui l'a fait ?			
3 Le vieux s'est cassé après s'être engueulé avec notre mère.			
4 Elle pique les affaires des autres quand y font pas attention.			
5 J'ai gaffé quand j'ai décidé de laisser tomber mes études.			
6 À l'époque où ça se passait y avait ni Internet ni téléphone portable.			
7 Faut y croire !			
8 Je viens de lire un bouquin nul.			
9 J'ai passé tout mon été à galérer.			
10 T'as compris ?			

5 Grammaire en contexte

Le conditionnel présent

Le conditionnel présent peut exprimer un désir, un souhait. Dans le texte *Premier baiser* (voir unité 4.1, activité 11 dans le manuel), Doria rêve d'« un super type qui **ressemblerait** un peu au mec qui joue dans la pub pour les vitamines ».

Le **conditionnel présent** peut aussi exprimer :

* un conseil : *Doria, tu ne devrais plus penser à lui.*

* une suggestion : *Tu aimerais aller au concert samedi avec moi ?*

* une demande polie : *Pourrais-tu me passer les crackers ?*

* un doute ou une information incertaine : *Doria serait amnésique.*

1 Dans le paragraphe 4 du texte, identifiez les verbes au conditionnel présent. Justifiez l'emploi de ce temps du conditionnel.

2 Complétez les phrases suivantes en conjuguant les verbes au conditionnel présent. Indiquez pourquoi on utilise le conditionnel présent dans la phrase (conseil, suggestion, politesse, doute ou désir). Attention : plusieurs réponses sont parfois possibles.

Exemple : Il (*falloir*) lui expliquer pourquoi tu ne l'aimes pas.	*Il faudrait lui expliquer pourquoi tu ne l'aimes pas.*	*conseil ou suggestion*
1 Doria (*être*) amoureuse de Nabil.		
2 Tu (*devoir*) le laisser tomber.		
3 Tu (*pouvoir*) venir me chercher à 8 heures, s'il te plaît ?		
4 Tu (*faire*) mieux de lui dire la vérité.		
5 Ça te (*dire*) d'aller à Paris cet été ?		
6 Elle (*aimer*) tant le revoir.		
7 Doria (*regretter*) sa décision.		
8 Elle (*vouloir*) tant sortir avec lui.		
9 Il (*valoir*) mieux trouver un autre ami.		

3 À votre tour, vous allez imaginer un premier baiser. Rédigez un court texte inspiré par celui de Faïza Guène. N'oubliez pas que Doria, la narratrice, utilise le conditionnel présent pour décrire son monde de rêve, son monde idéal. Le ton du texte est intime. Doria s'exprime de manière personnelle et décontractée en utilisant souvent un registre familier.

En vous basant sur le modèle ci-dessous, rédigez un passage de votre journal intime dans lequel vous imaginez la rencontre avec l'homme ou la femme de vos rêves. Complétez le texte à votre manière au conditionnel présent.

> • *Ça ressemble vraiment pas à ce que j'avais imaginé pour mon premier baiser. Non, moi, je voyais plutôt ça dans un décor de rêve…*
>
> Décrivez ce décor de rêve (trois détails ou trois décors).
>
> • *avec un super type / une super nana qui ressemblerait…*
>
> Décrivez ce super type / cette super nana (trois détails).
>
> • *Le mec / la nana, il / elle serait en train de…*
>
> Décrivez ce qu'il / elle serait en train de faire.
>
> • *… on irait l'un vers l'autre, tout doucement, et on s'embrasserait, naturellement, comme si on le faisait depuis toujours.*
>
> Décrivez-vous (trois détails).
>
> • *Bien sûr, quand j'imagine cette scène, moi, je suis…*

Après avoir rédigé votre texte, servez-vous de la liste de vérification 11B au chapitre 6 du manuel pour vous assurer que vous avez utilisé tous les éléments nécessaires à la réalisation d'une page de journal intime.

6 Grammaire en contexte

Le conditionnel passé

Le **conditionnel passé** peut servir à exprimer un reproche, un regret ou une information incertaine.

*   un reproche : *Nabil aurait dû être moins gourmand.*

*   une information qui n'est pas certaine : *Doria aurait embrassé Nabil.*

*   un regret : *Ils auraient pu se marier et vivre heureux.*

Mettez les phrases suivantes au conditionnel passé.

a Doria .... (*tomber*) de son vélo.

b Doria .... (*perdre*) conscience.

c Doria .... (*se réveiller*) amnésique.

d Doria .... (*faire*) de la chirurgie esthétique.

e Doria .... (*devenir*) quelqu'un d'autre.

4

La phrase hypothétique

Le conditionnel sert aussi à exprimer la possibilité dans les phrases hypothétiques. Lisez les exemples ci-dessous.

Si +	
le présent de l'indicatif	**le présent / l'impératif / le futur**
Si Nabil veut que Doria l'aime,	il doit la convaincre de sortir avec lui.
Si tu m'aimes,	ne mange pas tous mes biscuits !
Si Doria ne fait pas de progrès en maths,	elle devra étudier avec Nabil chaque semaine.
l'imparfait	**le conditionnel présent**
Si Nabil était plus beau,	Doria pourrait l'aimer.
le plus-que-parfait	**le conditionnel passé**
Si Doria avait été plus forte en maths,	elle n'aurait jamais rencontré Nabil.

Complétez les phrases suivantes. Attention à la concordance des temps. Référez-vous au tableau ci-dessus si vous avez besoin d'aide.

a Nabil ne serait jamais venu à la maison si ....

....

b Si Nabil n'avait pas mangé tous les biscuits, ...

....

c Doria aurait peut-être répondu « oui » à Nabil si ....

....

d Si Doria ne se brosse pas les dents, ...

....

e Si Doria raconte à tout le monde qu'elle est tombée de sa bicyclette, ...

....

f Nabil ne reconnaîtra pas Doria si ....

....

g Si Doria rencontrait un super mec, ...

....

h Sa mère serait furieuse si ....

....

i Si Nabil avait été plus beau, ...

....

j Si Nabil recommence, ...

....

4.2 Moi et les autres

S'engager pour les autres, comment faire ?

Place aux jeunes : le bénévolat

1 Activité lexicale CAS

L'engagement

Pour pouvoir parler de l'engagement, il faut connaître certains mots clés. Faites les activités suivantes pour vous aider à les apprendre.

1   Cochez toutes les expressions qui signifient « aider quelqu'un ».

bénéficier	☐	s'entraider	☐	secourir quelqu'un	☐
tendre la main à quelqu'un	☐	donner un coup de main	☐	venir en aide à quelqu'un	☐
relever	☐	se sentir utile	☐		

2   Reliez le verbe et les mots dans la colonne de droite pour former une expression liée au champ lexical de l'engagement pour autrui. Indiquez dans la case la lettre qui correspond à la réponse correcte, comme dans l'exemple.

1	faire	D	A	les bras
2	défendre	☐	B	des fonds
3	faire preuve	☐	C	de solidarité
4	ne pas baisser	☐	D	**du bénévolat**
5	récolter	☐	E	des liens
6	tisser	☐	F	une cause humanitaire

Le commerce équitable, qu'est-ce que c'est ?

2 Activité lexicale

Le commerce équitable

Pour pouvoir parler du commerce équitable, il faut connaître certains mots clés. Complétez la grille de mots croisés. Voici les mots dont vous aurez besoin.

CONSOMMATEUR	DURABLE	IMPORTATEUR	LABEL
COOPÉRATIVE	ÉQUITABLE	INTERMÉDIAIRE	PRODUCTEUR

Horizontalement

1 personne qui achète ou qui utilise des marchandises

4 personne qui se trouve entre le producteur et le consommateur

5 le contraire de « temporaire »; qui tient compte de l'environnement

6 juste

Verticalement

1 association de producteurs

2 marque ou étiquette sur des produits à vendre

3 personne qui cultive des denrées alimentaires ou produit des biens

4 personne qui fait venir des produits de l'étranger pour les vendre dans son pays

3 Activité écrite

Une lettre officielle

Dans une lettre officielle, on s'adresse soit à quelqu'un qu'on ne connaît pas ou peu, soit à un supérieur hiérarchique, soit à quelqu'un de plus âgé. On soigne la présentation de la lettre et on utilise les formules appropriées. On fait attention à ne pas faire de fautes de grammaire, de syntaxe ou d'orthographe !

La quinzaine du commerce équitable

Coordonnée par la plateforme française pour le commerce équitable, la 6e quinzaine du commerce équitable se déroulera dans toute la France du 29 avril au 14 mai. Nous organisons chaque année, à cette époque, la quinzaine du commerce équitable, destinée à sensibiliser les Français à la réalité de vie des producteurs et à ce que permet le commerce équitable.

Association des producteurs du Nord

Après avoir lu l'annonce ci-dessus, vous décidez de sensibiliser votre entourage à l'importance du commerce équitable. Pour ce faire, vous décidez d'organiser un stand pendant le week-end au profit du commerce équitable dans le supermarché de votre quartier.

Écrivez une lettre au gérant du magasin pour demander la permission de monter ce stand. Dans la lettre, vous lui expliquez les avantages d'une telle initiative. Vous précisez qu'il ne s'agit pas d'une concurrence déloyale mais d'une démarche choc pour sensibiliser le plus de monde possible.

Rédigez de 250 à 400 mots pour les élèves de niveau moyen et de 450 à 600 mots pour les élèves de niveau supérieur.

Après avoir rédigé votre texte, servez-vous de la liste de vérification 13B au chapitre 6 du manuel pour vous assurer que vous avez utilisé tous les éléments nécessaires à la réalisation d'une lettre officielle.

4 Grammaire en contexte

Les comparatifs

Quand on compare des choses, on met en évidence leurs points communs ou leurs différences. Les comparaisons peuvent exprimer :

- un rapport de similitude :

  *Il y a **autant** de Français qui achètent des produits du commerce équitable que de Français qui n'en achètent pas.*

- un rapport de différence :

  *Le commerce équitable est **moins** connu en Europe qu'en Amérique du Nord.*

- un rapport de proportion :

  *Le commerce équitable est **deux fois moins** pratiqué dans ce pays que dans les pays voisins.*

Observez la grille.

Adjectif	Nom	Adverbe	Verbe
plus + adjectif + *que* *aussi* + adjectif + *que* *moins* + adjectif + *que*	*plus de* + nom *autant de* + nom *moins de* + nom	*plus* + adverbe + *que* *aussi* + adverbe + *que* *moins* + adverbe + *que*	verbe + *plus que* verbe + *autant que* verbe + *moins que*
Les prix dans les petits magasins sont <u>plus élevés que</u> ceux des grandes surfaces.	On trouve <u>plus de</u> produits frais dans les supermarchés <u>qu</u>'avant.	Le commerce équitable coûte <u>plus cher que</u> les filières traditionnelles.	Dans le système du commerce équitable, le producteur profite <u>plus que</u> le distributeur.
La qualité des produits équitables est <u>aussi bonne que</u> celle de produits qui ne sont pas issus du commerce équitable.	Il y a <u>autant de</u> produits exotiques <u>que</u> de produits locaux sur les rayons du supermarché.	L'inspecteur vérifie les conditions de travail <u>aussi souvent que</u> possible.	Les ouvriers gagnent <u>autant que</u> les fermiers.
Les producteurs de produits équitables sont <u>moins dépendants</u> du prix du marché <u>que</u> les autres producteurs.	Les petits producteurs ont <u>moins de</u> frais <u>que</u> les grands producteurs.	Les petits producteurs gagnent <u>moins bien</u> leur vie <u>que</u> les distributeurs.	Les petits producteurs gagnent <u>moins que</u> les intermédiaires.

Les comparatifs irréguliers

les adjectifs irréguliers	les adverbes irréguliers
bon → meilleur	bien → mieux
mauvais → pire	beaucoup → plus
petit → moindre	mal → pire
	peu → moins

Décomposition du prix d'un paquet de café

Afin de mieux comprendre les bénéfices pour les producteurs qui participent au commerce équitable, comparons le système traditionnel au système du commerce équitable.

Système traditionnel	Système Max Havelaar
85 % importation	73 % importation
—	2 % redevance Max Havelaar
3 % exportation	3 % exportation
2 % intermédiaire	2 % coopérative
10 % petit producteur	20 % petit producteur

À présent, complétez les phrases en utilisant les expressions proposées.

ALORS QUE	AUTANT QUE	LA MOITIÉ	MOINS DE
AUSSI	DEUX FOIS MOINS QUE	LE MÊME	PLUS QUE

a   L'intermédiaire gagne .... la coopérative.

b   Dans le système traditionnel, le petit producteur gagne ....
dans le système Max Havelaar.

c   Dans le système traditionnel, le petit producteur gagne ....
de ce qu'il gagne dans le système Max Havelaar.

d   Dans le système Max Havelaar, le petit producteur gagne ....
ce qu'il gagne dans le système traditionnel.

e   Le coût de l'exportation est .... dans les deux systèmes.

f   .... le système Max Havelaar ajoute une redevance de 2 %,
le petit producteur reçoit quand même le double de ce que lui verse le système traditionnel.

5 Grammaire en contexte

Les superlatifs

Observez la grille.

Adjectif	Nom	Adverbe	Verbe
le, la, les + *plus* + adjectif	*le* + *plus de* + nom	*le* + *plus* + adverbe	verbe + *le plus*
le, la, les + *moins* + adjectif	*le* + *moins de* + nom	*le* + *moins* + adverbe	verbe + *le moins*
Le système Max Havelaar est <u>le plus efficace</u>.	Ce sont les pays du Sud qui produisent <u>le plus de produits</u> équitables.	C'est ici que le commerce équitable se développe <u>le plus lentement</u>.	Le commerce équitable est un des secteurs qui se développe <u>le plus</u> en Afrique.
Les producteurs qui sont organisés en coopératives sont <u>les moins vulnérables</u>.	Les consommateurs qui achètent <u>le moins de produits</u> équitables vivent en Europe.	Ce sont les consommateurs de milieu modeste qui achètent <u>le moins souvent</u> les produits du commerce équitable.	Ce sont les pays européens qui s'investissent <u>le moins</u> dans le commerce équitable.

Les superlatifs irréguliers

les adjectifs irréguliers	les adverbes irréguliers
bon → le, la, les meilleur(e)(s)	bien → le mieux
mauvais → le, la, les pire(s)	beaucoup → le plus
petit → le, la, les moindre(s)	mal → le pire
	peu → le moins

Certaines des phrases suivantes comportent un superlatif. Trouvez et soulignez-les.

a   Le commerce équitable est plus direct que le commerce traditionnel.

b   Privilégier les produits les moins chers n'est pas toujours une bonne idée.

c   Les produits équitables sont cultivés avec des méthodes plus respectueuses de l'environnement.

d   De plus en plus de gens sont des adeptes du commerce équitable.

e   Les produits locaux ne sont-ils pas les plus écologiques ?

f   Mieux vaut acheter des produits bio que des produits issus de l'agriculture traditionnelle.

g   Les produits traditionnels coûtent moins cher que les produits équitables.

h   Le meilleur endroit où trouver des produits équitables, c'est l'épicerie bio.

i   De moins en moins de fermiers utilisent des pesticides.

j   La pire chose que tu puisses acheter est un produit traité aux pesticides.

L'étranger : mon semblable, mon frère ?

6 Grammaire en contexte

La négation

1   Les phrases suivantes sont tirées du texte *L'Autre* (voir unité 4.2, activité 12 dans le manuel). Lisez-les attentivement. Soulignez la négation dans chacune de ces phrases, puis complétez la règle grammaticale qui y correspond.

a   Où met-on la négation quand le verbe est à un temps simple ? Observez :

   Ce n'est pas ça !

   Ce ne sont pas toujours les mots qui parlent !

   Tu ne vas jamais au bout de tes phrases…

   Règle grammaticale : Quand le verbe est à un temps simple, la négation ....

b   Où met-on la négation quand il y a un pronom personnel devant le verbe ? Observez :

   Tu n'y arriveras jamais.

   On n'y comprend rien !

   Règle grammaticale : Quand il y a un pronom personnel devant le verbe, la négation ....

c Où met-on la négation quand le verbe est à un temps composé ? Observez :

Je n'ai pas dit ça.

On ne s'est [presque] rien dit.

Vous ne vous êtes [même] pas parlé !

Règles grammaticales : Quand le verbe est à un temps composé, la négation ....

Quand il y a un pronom devant l'auxiliaire (verbes pronominaux), la négation

....

d Où met-on la négation quand le sujet du verbe est un pronom indéfini ? Observez :

Personne ne pourra traverser […].

[…] personne d'autre ne le sait que moi.

Règle grammaticale : Quand le sujet du verbe est un pronom indéfini, la négation ....

e Où met-on la négation quand le deuxième verbe est à l'infinitif ? Observez :

Je ne peux pas partir […].

Règle grammaticale : ....

f Quels mots exprimant la négation peuvent être utilisés seuls ? Observez :

Rien [si tu veux !]

Autres mots possibles : ....

2 Complétez les réponses ci-dessous en mettant la négation entre parenthèses à la place qui convient dans la phrase.

a Simm avait-il déjà ressenti une telle émotion ?
Non, il ....
(ne… jamais).

b Jaïs pouvait-elle comprendre le comportement de son mari ?
Non, elle ....
(ne… pas du tout).

c Selon Jaïs, qu'est-ce que Simm et elle comprenaient aux habitudes des étrangers ?
Ils ....
(ne… rien).

d La police autorisait-elle les gens à traverser le cordon sanitaire ?
Non, elle ....
(ne… plus personne).

e Simm et sa femme s'en étaient-ils parlé avant le tremblement de terre ?
Non, ils ....
(ne… jamais).

4.3 Études et emploi

> Comment faire face aux défis du XXIe siècle ?

À quoi sert l'école ?

1 Grammaire en contexte

Les adverbes en *-ment*

1 Lisez le texte suivant et soulignez les adverbes.

L'école de demain

Pour moi, l'école du futur serait spacieuse et lumineuse. Il y aurait de grandes baies vitrées et un plafond en verre. Il y aurait de nombreuses salles de cours joliment peintes dans des couleurs vives. L'école serait parfaitement écologique. Des panneaux solaires alimenteraient constamment des ampoules à économie d'énergie et on pratiquerait le recyclage.

Chaque élève aurait sa tablette tactile et des ordinateurs remplaceraient les cahiers et les crayons. Les professeurs seraient probablement remplacés par des robots spécialement conçus pour cette tâche.

Les classes seraient constituées de petits groupes d'élèves – pas plus de 12 – qui s'aideraient réciproquement. La journée scolaire durerait seulement cinq heures et, évidemment, les cours le samedi matin seraient supprimés. Des ateliers seraient organisés mensuellement pour aider les élèves dans leur choix d'orientation et de futur métier. Il y aurait également des cours de sports et il y aurait régulièrement des séances de yoga pour aider les élèves à se détendre.

La cantine disposerait de plusieurs réfectoires qui serviraient des menus vraiment variés. Les recettes viendraient du monde entier. La nourriture à la cantine serait entièrement bio ; la cantine proposerait uniquement des produits de saison cultivés par les élèves dans les jardins potagers de l'école. On pratiquerait quotidiennement le tri sélectif des déchets.

2 Observez et complétez les trois tableaux suivants et, pour chacun d'eux, complétez la règle de grammaire.

adjectif masculin	....	adverbe
parfait	....	parfaitement
....	spéciale	spécialement
régulier	....	régulièrement

- Pour former un adverbe, on ajoute *-ment* à ....

| joli | joliment |
| vrai | vraiment |

- Quand l'adjectif masculin se termine avec une voyelle, on ajoute -*ment* à
....

| constant | constamment |
| évident | évidemment |

- Quand l'adjectif masculin se termine en -*ent* ou -*ant*, on
....

3 Complétez les phrases suivantes avec l'adverbe qui convient.

a On a .... (*progressif*) installé des panneaux solaires dans toutes les écoles de la région.

b La collecte de déchets à la cantine se fait .... (*quotidien*).

c Les écoles ont été .... (*entier*) rénovées pour qu'elles soient adaptées aux nouvelles technologies.

d Il y a .... (*régulier*) des cours de relaxation.

e Le rôle du professeur changera .... (*complet*) quand on utilisera des robots à l'école.

f La recherche est .... (*vrai*) facile grâce aux nouvelles technologies.

g Il s'intéresse à la littérature mais .... (*égal*) aux nouvelles technologies.

h Le rapport sur l'éducation est publié .... (*annuel*).

i Il faut .... (*constant*) revoir les cours proposés pour bien préparer les élèves au monde du travail.

j On doit .... (*premier*) installer les nouvelles technologies à l'école.

2 Activité écrite

Une proposition

Votre école vient de recevoir une somme d'argent importante du ministère de l'Éducation nationale. En tant que représentant(e) des élèves, vous réalisez un sondage à la demande de la direction de l'école auprès de 200 de vos camarades pour leur demander comment dépenser cet argent. Voici les questions que vous leur posez :

- Comment l'établissement et les salles de classe devraient-ils être aménagés ? Pourquoi ?

- Quels nouveaux outils technologiques devraient être achetés ? Pourquoi ?

- Comment la cantine de l'école devrait-elle être aménagée ? Comment seraient les menus ?

- Avez-vous autre chose à proposer pour améliorer les conditions de travail dans l'école ?

Imaginez ce que vos camarades auraient pu répondre et résumez leurs idées dans une proposition que vous adressez au directeur / à la directrice de l'établissement.

Servez-vous des expressions de l'encadré pour vous aider à présenter les résultats du sondage. Vous pouvez aussi consulter les activités sur le comparatif et le superlatif dans l'unité 4. 2 de ce cahier.

un pourcentage, 65 % (pourcent)	la majorité	la minorité
la moitié	la plupart	un quart, les trois quarts
un tiers, les deux tiers	sept sur dix	tout à fait d'accord, plutôt d'accord, en désaccord
en revanche, par contre, cependant	selon, d'après, à leur avis, les avis sont partagés	certains, d'autres, tous, personne

Rédigez de 250 à 400 mots pour les élèves de niveau moyen et de 450 à 600 mots pour les élèves de niveau supérieur.

Après avoir rédigé votre texte, servez-vous de la liste de vérification 14B au chapitre 6 du manuel pour vous assurer que vous avez utilisé tous les éléments nécessaires à la réalisation d'une proposition.

Une année de pause

---

3 Activité lexicale

Les connecteurs logiques

Lisez ce texte.

Une année de pause

Le service civique pour Émile, 22 ans

Cela a conforté mon choix de devenir éducateur

« Je voulais être avocat. **Donc**, après le bac, je me suis inscrit en droit. **Mais** j'ai vite lâché, raté des TD[1], eu de mauvaises notes… J'ai redoublé mon année, mais ça n'allait pas mieux. **Décidément**, je n'aimais pas le droit, cela ne correspondait pas à l'idée que j'avais du métier d'avocat. Je me suis décidé à rencontrer une conseillère d'orientation : c'est là que le projet d'éducateur spécialisé est né. Mais c'était trop tard pour s'inscrire aux concours d'entrée pour la rentrée. Je n'allais pas vivre encore une « année blanche » ! **Puis** la mère d'une amie m'a parlé d'une association qui cherchait un jeune en service civique. Je me suis inscrit **grâce à** elle. Je viens de côtoyer durant neuf mois des jeunes, du collège au BTS[2], atteints de handicaps physiques. J'ai accompagné leur quotidien, préparé un voyage de fin d'année… Cela a conforté mon projet professionnel. Je me sens **enfin** sur les bons rails. J'ai retrouvé confiance en moi. Je suis **aussi** plus autonome, **car** j'ai appris à gérer un budget – je gagnais environ 600 euros par mois. Mes parents sont soulagés. Je viens de passer les concours d'entrée à l'école d'éducateur. »

femina.fr

[1] **TD** : travaux dirigés (à la faculté)

[2] **BTS** : brevet de technicien supérieur

Pour que son témoignage soit clair, Émile utilise des connecteurs logiques qui lui permettent de mettre en évidence le lien entre ses différentes idées. Reliez chacun des connecteurs logiques du texte figurant dans la colonne de gauche avec son équivalent dans la colonne de droite.

1	donc		A de plus
2	mais		B ensuite
3	décidément		C parce que
4	puis		D en raison de
5	grâce à		E pourtant
6	enfin		F finalement
7	aussi		G par conséquent
8	car		H tout compte fait

4 Grammaire en contexte

L'expression du futur

Le **futur antérieur** est un temps du futur. On l'emploie avec le **futur simple** pour exprimer une action future qui aura lieu avant une autre action future. Le futur antérieur est composé de l'auxiliaire *être* ou *avoir* au futur simple et du participe passé du verbe.

1 Quelle est l'action qui précède l'autre? Soulignez le verbe utilisé pour cette première action.

> **Exemple :** Quand Émile <u>aura terminé</u> son année de service civique, il commencera ses études pour devenir éducateur.

a Je m'inscrirai à la fac de droit quand j'aurai gagné assez d'argent pour payer mes études.

b Quand tu auras refait le devoir, tu recevras peut-être une meilleure note.

c Après que j'aurai parlé avec une conseillère, je serai plus sûr(e) de mon choix de carrière.

d Emile s'inscrira en service civique dès qu'il en aura parlé avec la mère de son ami.

e Dès qu'il aura terminé ses études, il fera le tour du monde.

2 Mettez les verbes entre parenthèses au futur simple ou au futur antérieur pour compléter le sens des phrases.

a Une fois que vous .... (*trouver*) du travail, vous aurez une vie plus facile.

b Aussitôt que je / j'................................ (*terminer*) le service civique, je trouverai du travail.

c Une fois qu'elle sera rentrée de voyage, elle .... (*devoir*) reprendre ses études.

d Lorsqu'Émile aura fini ses études, il .... (*gagner*) un bon salaire.

e Dès que nous .... (*rentrer*) de notre voyage, nous reprendrons nos études.

3 Transformez les temps du texte en mettant les verbes au futur simple ou au futur antérieur.

> Quand Émile a terminé son année de service civique, il s'est inscrit dans une école d'éducateur. Grâce à cette expérience, il est devenu plus autonome parce qu'il avait appris à gérer un budget et à s'occuper d'enfants handicapés dans leur vie quotidienne. Lorsqu'il a réussi le concours d'entrée à l'école d'éducateur, ses parents étaient enfin soulagés.

Quand Émile aura terminé… ....

....

....

....

....

....

....

Le monde du travail

5 Activité écrite

Une lettre de candidature

Passionné(e) de sciences, vous aimeriez participer à la prochaine expédition spatiale sur Mars. Rédigez la lettre de candidature que vous adresserez au directeur / à la directrice du Centre européen des astronautes.

Suivez le modèle proposé et rédigez de 250 à 400 mots pour les élèves de niveau moyen et de 450 à 600 mots pour les élèves de niveau supérieur.

Coordonnées de l'expéditeur

Coordonnées du destinataire

Lieu et date

Objet de la lettre

Formule d'appel

Introduction

* Expliquez le but de la lettre

    Je vous adresse ma candidature car…

    Actuellement (pilote de ligne, maître conférencier à la faculté de sciences, scientifique au laboratoire de…), je…

Corps de la lettre

* Justifiez votre candidature par un résumé de vos études, de vos résultats universitaires, de votre carrière professionnelle

    J'ai entrepris des études scientifiques / de mathématiques, notamment… ; j'ai obtenu une maîtrise en…, un doctorat en…

    Dans le cadre de mes études, j'ai gagné… j'ai réussi à…

* Expliquez ce qui vous intéresse dans cette mission

    Travailler dans une station spatiale m'intéresse particulièrement car…

* Mentionnez toute expérience pertinente

    J'ai participé à… une formation, un stage, un voyage, une expérience unique…

* Mentionnez les qualités qui font de vous le / la candidat(e) idéal(e).

    Mes atouts sont…

    Je possède de solides connaissances en…

    Ma santé physique…

    Ma santé psychologique…

Conclusion

* Sollicitez poliment un entretien

    J'espère vous avoir convaincu(e) de ma motivation et aimerais…

    Je serais heureux / heureuse de pouvoir vous rencontrer afin de…

Formule de politesse

Signature

(Prénom et nom)

Après avoir rédigé votre texte, servez-vous de la liste de vérification 13B au chapitre 6 du manuel pour vous assurer que vous avez utilisé tous les éléments nécessaires à la réalisation d'une lettre officielle.

4.4 L'ordre public

Les lois et règlements nous permettent-ils de mieux vivre ensemble ?

Gestes inciviques et délits

1 Activité lexicale

Crimes et délits

1 Cochez les mots qui correspondent à la catégorie des malfaiteurs.

l'accusé(e)	☐	le policier / la policière	☐
l'agent(e) de police	☐	le témoin (*pas de féminin*)	☐
l'agresseur (*m*)	☐	le vigile (*m*)	☐
l'assaillant(e)	☐	le / la juge	☐
l'avocat(e)	☐	le / la suspect(e)	☐
l'escroc (*m*)	☐	le / la blessé(e)	☐
l'innocent(e)	☐	le / la coupable	☐
la victime (*pas de masculin*)	☐	le voleur / la voleuse	☐
le cambrioleur / la cambrioleuse	☐	le / la gendarme	☐
le délinquant / la délinquante	☐	le / la magistrat(e)	☐
le jury	☐		

Voici quelques mots et expressions utiles pour parler de crimes et de délits. Assurez-vous de bien en connaître le sens, en vous aidant d'un dictionnaire si nécessaire.

Les crimes		
l'agression (*f*)	le délit	une tentative de meurtre / de vol
le cambriolage	l'infraction (*f*)	la toxicomanie
la conduite dangereuse	le larcin	la violence
le crime	le méfait	le vol à l'arrachée
la délinquance	la récidive	le vol à l'étalage

La justice			
accuser	juger	l'accusé(e)	le / la juge, le jury
arrêter	libérer	l'alibi (*m*)	le / la magistrat(e)
autoriser	mentir	la comparution	le témoin (*pas de féminin*)
condamner	prévenir	l'enquête (*f*)	le verdict
emprisonner	purger une peine de prison	la garde à vue	la victime (*pas de masculin*)
être condamné	relâcher	l'innocent(e)	
être écroué	résoudre une affaire		
être pris en flagrant délit	soupçonner		
innocenter	subir un procès		
interdire			

Les sanctions	
l'amende (*f*)	la peine de prison
la contravention	la suspension / le retrait de permis
la peine avec sursis	

Les lieux	
la cellule	la prison
la cour	le tribunal
la maison d'arrêt	

2 Complétez la grille en écrivant un verbe correspondant à chaque nom ou, inversement, un nom correspondant à chaque verbe.

Nom	Verbe
accusation (*f*)	....
arrestation (*f*)	....
....	condamner
emprisonnement (*m*)	....
....	innocenter
....	résoudre
jugement (*m*)	....
mensonge (*m*)	....
....	soupçonner
interdiction (*f*)	....
....	autoriser

3 Qui sont ces personnes ? Associez les mots à leur définition. Écrivez la lettre correspondant à chaque bonne réponse dans la case appropriée.

1	un vigile		**A** il a commis une faute
2	un escroc		**B** il dévalise les maisons
3	un cambrioleur		**C** il a vu ou entendu quelque chose
4	un témoin		**D** il est responsable de la surveillance de locaux
5	un coupable		**E** il est malhonnête et trompe les autres

4 Trouvez dans la colonne de droite le(s) mot(s) dont la signification est **similaire** à celle des mots dans la colonne de gauche. Écrivez la lettre correspondant à chaque bonne réponse dans la case appropriée.

1	une amende		**A** la répétition d'une infraction
2	un agresseur		**B** un délit
3	un malfaiteur		**C** une contravention
4	un crime		**D** un assaillant
5	la récidive		**E** un délinquant

5 Trouvez dans la colonne de droite le mot dont la signification est le **contraire** de celle des mots dans la colonne de gauche. Écrivez la lettre correspondant à chaque bonne réponse dans la case appropriée.

1	arrêter		**A** la culpabilité
2	l'innocence		**B** le mensonge
3	sain et sauf		**C** le malfaiteur
4	la victime		**D** libérer
5	la vérité		**E** blessé
6	interdire		**F** permettre

6 Ajoutez les mots qui manquent dans les deux textes qui suivent en les choisissant dans les listes proposées. Chaque mot ne peut être utilisé qu'une fois.

Cognac : deux tentatives de vol tournent court

La police a été appelée, mardi soir, pour deux affaires vite résolues : un vol de parfum à Auchan et une tentative de vol à l'arrachée à Saint-Jacques.

1 Les activités des [– **Exemple** –] sont souvent cycliques. En effet, [– **1** –] ont résolu deux affaires similaires mardi soir, à une heure d'intervalle.

Le premier appel à la police a lieu vers 19 heures. Une Cognaçaise[1] rentre chez elle à pied, dans le quartier Saint-Jacques, lorsqu'un homme se jette sur son sac à main. Cette dame de 43 ans tente, autant qu'elle peut, de résister et appelle à l'aide.

Deux bons réflexes, qui conduisent [– **2** –] à lâcher prise. Apeuré, il s'enfuit dans son véhicule. Par chance, [– **3** –] note les caractéristiques du véhicule, et surtout sa plaque d'immatriculation. Des informations cruciales, qui vont permettre à un équipage de retrouver le suspect un peu plus loin. L'homme a tout juste 18 ans et se trouve porteur de résine de cannabis. Les contrôles salivaires vont également mettre en évidence une consommation de cocaïne. Mercredi soir, ce jeune habitant de Matha faisait l'objet d'une prolongation de garde à vue. Il devrait faire l'objet d'une comparution immédiate jeudi après-midi, pour tentative de [– **4** –] et conduite sous l'emprise de stupéfiants.

CRIME	L'ASSAILLANT	LE JURY	LES POLICIERS	UN TÉMOIN
DÉLINQUANTS	LE CAMBRIOLEUR	LES ACCUSÉS	TOXICOMANIE	VOL À L'ARRACHÉE

Exemple : .... *délinquants* ....

1 ....   3 ....

2 ....   4 ....

2 La deuxième affaire a lieu à l'hypermarché Auchan, où [– **5** –] ont l'œil. Mardi soir, ils ont repéré deux femmes au comportement suspect. Il était 20 heures lorsqu'elles ont quitté le magasin Sephora. Aussitôt, on leur demande d'ouvrir leurs sacs. Bingo : ils contenaient neuf flacons de parfum d'une valeur de 827 € qui n'avaient fait l'objet d'aucun paiement en caisse.

Et pour cause : les deux sacs étaient doublés avec des feuilles d'aluminium pour éviter de faire sonner les détecteurs à la sortie du magasin. Les vigiles ont donc présenté les deux [– **6** –] aux policiers, qui les ont entendues et [– **7** –] hier matin. Ces deux habitantes de Reignac, âgées de 18 et 20 ans, seront convoquées devant [– **8** –] pour [– **9** –] en juin.

www.sudouest.fr

CAMBRIOLEUSES	L'ENQUÊTE	LIBÉRÉES	TÉMOINS	VICTIMES
LE TRIBUNAL	LES VIGILES	SUSPECTES	UN PROCÈS	VOL À L'ÉTALAGE

5 ....   8 ....

6 ....   9 ....

7 ....

[1] **Une Cognaçaise :** une habitante de la ville de Cognac

Les réseaux sociaux, formidables ou effroyables ?

2 Activité écrite

Un rapport

Lisez ce texte.

Piégée par Internet

Une adolescente de 15 ans, disparue depuis une semaine, a été retrouvée saine et sauve jeudi à Liège (Belgique). La jeune fille, originaire de Tarbes (Hautes-Pyrénées), avait quitté le domicile familial pour aller retrouver un jeune homme rencontré sur Internet. Le jeune homme d'une vingtaine d'années lui avait proposé de venir le voir, mais il ne s'est jamais présenté au rendez-vous.

Un passant à qui la jeune fille avait demandé de l'aide a offert de l'héberger, mais il lui a volé son argent et ses papiers. L'adolescente qui, selon la police, n'a pas été violentée, a réussi à s'échapper et à trouver refuge au commissariat, où elle a été prise en charge par les autorités belges.

L'identité de la jeune fille n'a pas été révélée. Son correspondant belge a été interrogé par la police, puis relâché. Quant au voleur, Fabrice Verstraete, 34 ans, il a été arrêté hier après-midi grâce aux indications fournies par sa jeune victime.

Rédigez le rapport du policier qui a recueilli la déclaration de la jeune fille lorsque celle-ci s'est présentée au commissariat.

Vous pouvez bien sûr ajouter des détails dans le rapport, par exemple : comment la jeune fille a fait le voyage jusqu'à Liège, des informations sur le rendez-vous manqué, la description du voleur, etc.

Rédigez de 250 à 400 mots pour les élèves de niveau moyen et de 450 à 600 mots pour les élèves de niveau supérieur.

Après avoir rédigé votre texte, servez-vous de la liste de vérification 15B au chapitre 6 du manuel pour vous assurer que vous avez utilisé tous les éléments nécessaires à la réalisation d'un rapport.

Le bizutage

3 Grammaire en contexte

L'expression du doute et de la certitude

Pour exprimer la certitude, on utilise **le mode indicatif**.

1   Cochez parmi les expressions suivantes celles qui expriment la certitude.

Je doute que…	☐	Il est possible que…	☐
J'ai la conviction que…	☐	Il est peu probable que…	☐
Je suis persuadé(e) que…	☐	Je ne crois pas du tout que…	☐
Je ne pense pas du tout que…	☐	J'affirme que…	☐
Je soutiens que…	☐	Je ne suis pas sûr(e) que…	☐
Je ne suis pas certain(e) que…	☐	Je suis convaincu(e) que…	☐
Je sais que…	☐	Il se peut que…	☐

Pour exprimer le doute, on utilise **le mode subjonctif**.

Exemples :

Je ne crois pas que les étudiants de première année **puissent** *repasser les examens en septembre.*

Je doute qu'il **se remette** *du bizutage qu'il a subi en septembre.*

À la forme affirmative, les verbes *penser*, *croire* et *espérer* sont suivis de **l'indicatif**.

Exemple : *Je pense qu'il* **s'est remis** *de son accident.*

Quand le sujet du verbe principal est le même que celui du verbe dans la proposition subordonnée, on emploie l'infinitif.

*   **Même sujet pour les deux verbes**

    Je ne crois pas pouvoir le faire.

    Il ne pense pas participer aux activités organisées par les étudiants samedi.

*   **Sujet différent pour chaque verbe**

    Je ne crois pas que **Jean** *soit capable de le faire.*

    Il ne pense pas que **les étudiants** *soient tous d'accord pour annuler les journées d'intégration.*

Quand le verbe de la proposition principale est **au passé ou au conditionnel** et qu'il doit être suivi du subjonctif, le verbe dans la proposition subordonnée est au **subjonctif présent**.

Exemple : *Il* **était** *peu probable que l'université* **fasse** *preuve de tolérance à l'égard des étudiants qui ont participé à la manifestation.*

4

2 Quel mode convient-il d'employer dans les phrases suivantes ? Indiquez soit l'indicatif (**I**), soit le subjonctif (**S**), puis conjuguez le verbe entre parenthèses s'il y a lieu.

Exemples : [..S..] Croyez-vous qu'on ....puisse............ (*pouvoir*) faire confiance à la justice ?

[..I..] Je pense qu'Armelle ....est.............. (*être*) capable de passer son permis du premier coup.

a [.....] Je ne pense pas que ces activités .... (*devoir*) faire partie de la rentrée.

b [.....] Il est possible que, dans certaines facultés, cette tradition .... (*se passer*) dans un climat de bienveillance.

c [.....] Croyez-vous qu'il .... (*accepter*) de se déshabiller devant tout le monde ?

d [.....] Nous ne pensons pas que les sanctions .... (*être*) assez sévères.

e [.....] Il est fort probable que les étudiants .... (*se taire*) plutôt que de dénoncer le bizutage.

f [.....] Le policier n'était pas certain que les accusés .... (*pouvoir*) conserver l'anonymat.

g [.....] Nous doutons que le bizutage .... (*disparaître*) en dépit de la loi qui l'interdit.

h [.....] Il est peu probable que tous les jeunes .... (*se sentir*) enthousiastes à l'idée de participer à cet événement.

i [.....] Les étudiants croyaient-ils que forcer quelqu'un à faire quelque chose qui l'humiliait .... (*pouvoir*) lui faire plaisir ?

j [.....] Il est évident que certains étudiants ne .... (*respecter*) pas la loi.

k [.....] Nous ne sommes pas convaincus que ces journées dites d'intégration .... (*aider*) vraiment les jeunes à s'intégrer.

l [.....] Il ne faisait pas de doute que cette pratique .... (*faire*) peur à certains élèves.

m [.....] Je ne suis pas persuadé(e) que les journées d'intégration .... (*être*) vraiment utiles.

n [.....] Elle croit que ses camarades de classe ne .... (*aller*) plus lui adresser la parole si elle ne participe pas.

o [.....] Il ne croit pas que refuser de participer .... (*pouvoir*) lui causer du tort.

5 Partage de la planète

5.1 Planète bleue, planète verte

À quels enjeux environnementaux faisons-nous face ?

Planète en danger

1 Grammaire en contexte

L'accord du participe passé

1   Les parties de phrase suivantes sont tirées de la lettre de résiliation du contrat (voir *Planète en danger*, unité 5.1, activité 1 dans le manuel).

- Soulignez le(s) participe(s) passé(s) dans chacune.
- Identifiez si le participe passé est employé seul (S), avec *être* (E) ou avec *avoir* (A).
- Observez si le participe passé s'accorde (O) ou non (N).
- Si le participe passé s'accorde, indiquez par une flèche le nom / pronom avec lequel il s'accorde.

   Exemples : les animaux, vous les avez <u>maltraités</u> ....(A) (O)...........

   vous devrez avoir <u>libéré</u> le logement ....(A) (N)...........

a   des lieux loués ....

b   j'ai remarqué que vous avez violé cette obligation ....

c   j'ai mis à votre disposition ....

d   les dégâts que vous avez causés ....

e   l'air, vous l'avez pollué ....

f   les océans, vous les avez vidés ....

g   les forêts, vous les avez rasées ....

h   la terre, vous l'avez contaminée ....

i   les nombreux avertissements que je vous ai adressés ....

j   les nombreux avertissements sont restés sans réponse ....

k   les délais prescrits ....

l   vous devrez m'avoir rendu les clés ....

2 Vous avez décidé de répondre à la lettre de résiliation du contrat. Complétez le brouillon de lettre ci-dessous en ajoutant les éléments qui manquent (destinataire, etc.) et en accordant les participes passés comme il convient.

(Adresse du destinataire)

....

....

....

Objet : Votre lettre du 1er juillet

(Date) ....

(Formule d'appel) .... ,

Dans votre lettre du 1er juillet dernier, vous annonciez votre volonté de mettre fin à notre contrat de location, car selon vous, nous n'aurions pas respecté......... les conditions prescrit......... par ce contrat. Non seulement vous nous accusez d'avoir causé......... la détérioration de notre habitat, mais vous insinuez de plus que nous n'avons jamais essayé......... de régler ce problème.

Il est vrai que nous n'avons pas toujours été......... des locataires exemplaires. Je peux toutefois vous assurer que nous nous sommes mobilisé......... et que nous avons multiplié......... les initiatives pour protéger notre environnement et réparer les dommages causé......... . En voici quelques exemples :

- Nous avons lutté......... contre le réchauffement de la planète en modifiant nos habitudes de vie.

- Les procédés industriels ont été amélioré......... afin de réduire les émissions toxiques des usines.

- Nous avons décontaminé......... les sols pollué......... .

- Nous avons planté......... des arbres.

- Les déchets, nous les avons recyclé......... ou composté......... .

- Quant aux déchets radioactifs, ils ont été traité......... , puis entreposé......... .

- La voiture, nous l'avons délaissé......... pour les transports en commun.

- Nous avons privilégié......... les produits biologiques dans notre alimentation.

- L'eau, nous l'avons économisé......... .

- Nous avons cessé......... de manger certaines espèces de poisson en voie d'extinction.

- Des parcs nationaux ont été créé......... pour préserver les habitats naturels.

- Le trafic d'animaux sauvages, nous l'avons interdit......... .

- Grâce aux recherches mené......... pour développer de nouvelles technologies environnementales, les énergies polluantes comme le pétrole sont peu à peu remplacé......... par des énergies renouvelables comme l'énergie solaire ou éolienne.

Comme vous pouvez le constater, les accusations que vous avez formulé......... sont loin d'être justifié......... . Nous espérons donc que vous reviendrez sur votre décision et que vous renouvellerez notre contrat de location.

(Formule de politesse) ....

(Signature) ....

2 Activité lexicale

Problèmes environnementaux

1   Complétez les déclarations suivantes en indiquant si l'élément de la colonne de gauche est une cause ou une conséquence de l'élément de la colonne de droite. Cochez la case appropriée, comme dans l'exemple.

		est une cause	est une conséquence	
1	La fonte accélérée des glaces	☐	✓	du réchauffement climatique.
2	L'utilisation de l'automobile	☐	☐	de la pollution de l'air.
3	L'épuisement des stocks de poissons	☐	☐	de la surpêche.
4	La demande pour des terres de culture ou des pâturages	☐	☐	de la déforestation.
5	La volonté d'obtenir de meilleures récoltes	☐	☐	de l'utilisation des pesticides et des herbicides.
6	La chasse	☐	☐	de l'extinction de certaines espèces.
7	L'accumulation des déchets	☐	☐	de la surconsommation.
8	Le réchauffement climatique	☐	☐	du bouleversement des écosystèmes.
9	Le manque de pluie	☐	☐	de la désertification.
10	La mort d'environ 15 000 personnes par jour	☐	☐	du manque d'accès à l'eau potable.
11	L'augmentation des gaz à effet de serre dans l'atmosphère	☐	☐	de la combustion d'énergies fossiles (charbon, pétrole, gaz naturel…).

2 Les mots du tableau ci-dessous reviennent régulièrement lorsqu'on parle d'environnement. Complétez le tableau en écrivant le verbe correspondant à chaque nom ou, inversement, le nom correspondant à chaque verbe.

Nom	Verbe
l'accumulation (*f*)	(s')accumuler
....	(s')améliorer
l'augmentation (*f*)	....
....	(se) dégrader
la destruction	....
la disparition	....
....	endommager
....	gaspiller
la pollution	....
....	préserver
la protection	....
....	(se) réchauffer
....	récupérer
....	recycler
la réduction	....

Agir pour l'environnement

3 Grammaire en contexte

L'expression de l'opposition et de la concession

Lorsque vous voulez nuancer une opinion ou exprimer une idée opposée, les connecteurs logiques vous permettent de bien marquer le contraste entre différentes idées. Quelques-uns de ces connecteurs sont regroupés dans l'encadré.

À l'aide d'un dictionnaire bilingue ou unilingue, assurez-vous de comprendre la signification de chacun et de savoir comment l'utiliser : doit-il être suivi d'un nom ou d'un verbe, de l'indicatif ou du subjonctif, etc. ?

à l'inverse de	contrairement à	malgré	quoi que
alors que	en dépit de	même si	quoique
au contraire	en fait	néanmoins	tandis que
au lieu de	en réalité	or	toutefois
bien que	en revanche	par contre	
cependant	mais	pourtant	

Les phrases suivantes reprennent certaines des opinions exprimées par Louis-Gilles Francœur dans son interview *Éveiller les consciences environnementales* (voir unité 5.1, activité 9 dans le manuel). Complétez-les en choisissant l'une des trois options proposées, comme dans l'exemple.

Exemple : Dans les années 1980, on se préoccupait de problèmes locaux, ...*alors que*...... maintenant on s'intéresse plutôt aux questions globales.

    A au contraire   **B alors que**   C quoi que

1 Aujourd'hui, nous pouvons juger de la valeur des gestes qui sont faits à l'échelle de la planète. .... , il y a 30 ans, nous n'avions pas les connaissances nécessaires pour le faire.

    A Bien que   B En dépit de   C Cependant

2 .... , les consommateurs font déjà énormément d'efforts au quotidien pour préserver l'environnement.

    A En réalité   B Même si   C Tandis que

3 On culpabilise le consommateur. .... les industries et l'agriculture soient beaucoup plus polluantes que lui !

    A or   B mais   C bien que

4 .... renvoyer le problème au consommateur, on devrait s'attaquer aux problèmes causés par les industries et l'agriculture.

    A Quoique   B Au lieu de   C Contrairement à

5 Le consommateur doit continuer à changer ses comportements. .... , cela n'est pas suffisant : il doit aussi faire pression sur les politiciens.

    A Alors que   B Néanmoins   C Malgré

6 Notre survie dépend de la protection de la biodiversité. .... , les médias abordent rarement ce sujet.

    A Or   B Contrairement à   C Même si

7 Les médias parlent peu de la biodiversité. .... , ils publient beaucoup d'articles sur les changements climatiques.

    A À l'inverse de   B Au lieu de   C En revanche

8 .... nous savons que les ressources de la planète seront bientôt épuisées, nous continuons à consommer au-delà de nos besoins réels.

    A Toutefois   B Même si   C À l'inverse de

9 Nous sommes face à un mur et nous ne ralentissons pas. .... , nous fonçons droit devant nous !

   A Au contraire   B Pourtant   C Malgré

10 .... tous les problèmes environnementaux auxquels nous faisons face, je crois qu'il est encore possible de trouver des solutions.

   A Par contre   B En fait   C En dépit de

4 Activité écrite

Un article

Dans le cadre d'un projet CAS, vous avez collecté de l'argent pour faire creuser un puits dans le village de Kabalabougou au Mali. Vous avez constaté sur place les bénéfices que ce puits a apportés à la population locale. Pour le journal de votre ville, vous décidez de rédiger un article sur ce projet afin de sensibiliser la population aux problèmes d'accès à l'eau dans les pays du Sud.

Voici quelques-unes des notes que vous avez recueillies en prévision de votre article :

Consommation d'eau par habitant (dans les zones résidentielles) :
- Amérique du Nord / Japon : 600 litres / jour
- Europe : 250–350 litres / jour
- Afrique : 10–20 litres / jour
- Plus d'un milliard de personnes n'ont pas accès à une eau potable salubre et la situation devrait s'aggraver avec l'augmentation de la population mondiale.
- Les problèmes d'accès à l'eau provoquent la mort de plus de 5 millions de personnes par an à l'échelle de la planète (en majorité des enfants).
- Kofi Annan, ex-secrétaire général de l'ONU : « Nous ne vaincrons ni le SIDA, ni la tuberculose, ni le paludisme, ni aucune maladie infectieuse qui frappe les pays en développement, avant d'avoir gagné le combat de l'eau potable, de l'assainissement et des soins de santé de base. »

À Kabalabougou :
- La source d'eau était polluée par des déchets humains et agricoles.
- La population a maintenant accès à une eau potable de qualité.
- Aminata, 10 ans : « Je peux enfin aller à l'école, car je n'ai plus besoin de marcher plusieurs kilomètres par jour pour aller chercher de l'eau. »

Écrivez de 250 à 400 mots pour les élèves de niveau moyen et de 450 à 600 mots pour les élèves de niveau supérieur.

Après avoir rédigé votre texte, servez-vous de la liste de vérification 1B au chapitre 6 du manuel pour vous assurer que vous avez utilisé tous les éléments nécessaires à la réalisation d'un article.

5.2 Nos droits à tous

Qu'est-ce qu'une société équitable ?

Les droits des jeunes

1 Grammaire en contexte

Les expressions de temps

Savez-vous vous situer dans le temps ? Lisez les exemples ci-dessous.

Depuis	l'action / la situation continue aujourd'hui	*À 15 ans on peut conduire une voiture si on est accompagné par quelqu'un qui a son permis de conduire depuis cinq ans.*
Depuis que	un point précis dans le passé	*Depuis que je suis venu dans cette ville, je conduis la voiture de mes parents.*
En	la durée de l'action / le temps nécessaire à la réalisation d'une action	*J'ai appris à conduire en six semaines.*
Dans	un moment dans le futur où l'action / la situation commencera	*Dans un an, je pourrai m'engager dans l'armée.*
Jusqu'à	la fin de la durée d'une action	*Je dois rester à l'école jusqu'à mes 16 ans.*
Il y a	un moment précis dans le passé / l'action a eu lieu	*J'ai voté pour la première fois il y a deux ans.*
Il y a / cela fait… que	une durée de temps	*Cela fait deux ans que j'ai quitté l'école.* *Il y a trois mois que je travaille.*
Pendant	la durée d'une action / la simultanéité d'actions / de situations	*J'ai fumé pendant trois ans et puis j'ai arrêté.* *Pendant mon adolescence, je ne m'intéressais pas à la politique.*
Pendant que	des actions / situations simultanées	*Pendant que je vivais chez mes parents, je n'avais pas le droit de fumer dans la maison.*
Pour	une durée dans le futur	*À 16 ans je vais pouvoir travailler dans un restaurant pour deux mois.*

Vérifiez vos connaissances. Complétez les phrases suivantes à l'aide des mots suggérés. Plusieurs réponses sont parfois possibles.

CELA FAIT	DEPUIS (QUE)	IL Y A	PENDANT (QUE)
DANS	EN	JUSQU'À	POUR

a .... elle s'est fait tatouer les bras, elle porte des chemises à manches courtes.

b Elle conduit la voiture de ses parents .... son anniversaire en novembre.

c .... un an que je milite pour le droit de vote à 16 ans.

d .... 100 ans les femmes n'avaient pas le droit de vote.

e .... cinq ans le gouvernement n'a rien fait pour les handicapés.

f Il va quitter l'armée .... quatre ans.

g Il a créé sa propre entreprise .... il était encore au lycée.

h Il a arrêté de fumer .... trois mois.

i Quel est votre budget .... les trois semaines à Paris ?

j Qu'elle le veuille ou non, elle doit rester à l'école .... ses 16 ans.

2 Activité écrite

Un rapport

Vous êtes le professeur d'Océanie (voir *Un ordinaire encore trop rare*, unité 5.2, activité 11 dans le manuel). Le proviseur de votre établissement scolaire vous a demandé de rédiger un rapport de fin d'année sur l'intégration d'Océanie et sur l'accompagnement d'autres élèves en situation de handicap à l'avenir.

En vous basant **uniquement** sur le texte, rédigez le rapport selon le format proposé. Tirez du texte tous les renseignements nécessaires pour compléter chaque section du rapport.

Rédigez de 250 à 400 mots pour les élèves de niveau moyen et de 450 à 600 mots pour les élèves de niveau supérieur.

Après avoir rédigé votre texte, servez-vous de la liste de vérification 15B au chapitre 6 du manuel pour vous assurer que vous avez utilisé tous les éléments nécessaires à la réalisation d'un rapport.

> **À l'attention de :** Monsieur M. Jaillet, proviseur du lycée
>
> **De la part de :** Madame T. Salomon, professeur de seconde
>
> **Objet :** Intégration de jeunes handicapés au lycée Ledoux
>
> **Date :** 30 juin
>
> **Introduction**
>
> • Présentez-vous ; précisez votre rôle dans l'école et auprès d'Océanie ; précisez l'objet de ce rapport

Rappel des faits

- ....
- ....

Moyens matériels nécessaires

- ....
- ....
- ....

Soutien dans la vie quotidienne

- de la part des professeurs
- de la part d'un(e) AVS
- aides animalières

Avantages de cette intégration

- pour la jeune personne en situation de handicap
- pour les camarades

Recommandations

- À conclure comme vous le souhaitez

Comment faire entendre sa voix

3 Grammaire en contexte

Le futur simple

Un appel à manifester

« Ce matin, une assemblée générale aura lieu dans le grand amphithéâtre et nous organiserons la manifestation qui se tiendra boulevard Saint-Germain cet après-midi. Nous n'irons pas en cours et vous expliquerez à vos professeurs les raisons de votre mécontentement.

Pendant la manifestation, vous serez peut-être témoins d'actes violents mais vous ne devrez pas vous décourager. Vous verrez des voitures en feu et il faudra faire attention à ne pas vous blesser. Quoi qu'il en soit, dites-vous bien que cette manifestation pourra changer notre pays. »

5

Partage de la planète

1 Lisez le tract *Un appel à manifester* et soulignez les 10 verbes au futur simple.

2 Repérez les verbes irréguliers au futur simple. Mettez ces verbes à l'infinitif.

....	....
....	....
....	....
....	....

3 Faites la liste de tous les verbes irréguliers au futur simple que vous connaissez.

....	....
....	....
....	....
....	....
....	....
....	....
....	....
....	....

4 Quel sera votre monde meilleur ? Mettez les verbes entre parenthèses au futur simple.

Exemple : Un monde meilleur n'............*existera*............ (exister) pas sans l'aide de tout le monde.

a Chacun .... (*aider*) à combattre la famine.

b Le gouvernement .... (*tenir*) parole et plus personne ne .... (*payer*) de frais médicaux.

c Les enfants .... (*avoir*) le droit à une éducation gratuite.

d Les chefs d'État .... (*faire*) tout pour libérer les prisonniers politiques.

e Il .... (*falloir*) construire plus d'hôpitaux et plus d'écoles.

f La femme se .... (*voir*) devenir l'égale de l'homme partout dans le monde.

g Les injustices .... (*être*) réparées.

h On ne .... (*devoir*) plus apprendre de langue étrangère pour le Baccalauréat International.

i Nous .... (*aller*) tous explorer des planètes inconnues.

j Je .... (*pouvoir*) partir en vacances quand et où je .... (*vouloir*).

k Cela .... (*valoir*) la peine de se battre pour toutes ces causes.

4 Activité écrite

Une lettre de protestation

Vous voulez réclamer vos droits ? À part manifester dans la rue, vous pouvez aussi écrire une lettre aux dirigeants du pays.

Le gouvernement vient d'annoncer qu'il entend supprimer la bourse d'études pour les étudiants qui ont plus de 18 ans et cela en dépit de ses promesses électorales de promouvoir la parité sociale. Vous écrivez une lettre de protestation à l'attention de votre député(e)[1] pour protester contre cette décision et lui demander d'intervenir.

Rédigez de 250 à 400 mots pour les élèves de niveau moyen et de 450 à 600 mots pour les élèves de niveau supérieur. Utilisez le schéma et le vocabulaire proposés ci-dessous pour vous aider à structurer votre lettre et à la rendre plus convaincante.

Après avoir rédigé votre texte, servez-vous de la liste de vérification 13B au chapitre 6 du manuel pour vous assurer que vous avez utilisé tous les éléments nécessaires à la réalisation d'une lettre officielle.

[1] **un(e) député(e)** : un(e) élu(e) qui participe au travail législatif à l'Assemblée nationale

Structure de la lettre	Message	Vocabulaire
1 Adresse de l'expéditeur ; adresse du destinataire ; lieu ; date		
2 Formule d'appel	Quelle formule de politesse est la mieux adaptée à vos rapports avec le / la député(e)?	
3 Objet de la lettre		
4 Introduction	Motif de la lettre Circonstances Demande de soutien et d'intervention	dénoncer la décision récente du gouvernement les rapports / l'avenir… nuire à ; injuste ; obstacle ; justice sociale d'abord ; puis ; enfin c'est-à-dire ; au point que ; c'est pourquoi…
5 Conséquences de la décision	Expression de votre mécontentement Effets de cette suppression de la bourse : inégalité sociale ; fermeture des portes ; scolarité interrompue, etc.	anormal / injustifié / insupportable / honteux étonné(e) ; indigné(e) ; en colère un manque de considération / manque d'égards donc ; par conséquent ; alors ; si bien que

6 Suggestions pour résoudre le problème	Augmentation des impôts Bourses pour ceux de milieu modeste	en tant que… vous devriez… il faut / il faudrait… vous pourriez… pour + *infinitif* vous serait-il possible de + *infinitif* d'ailleurs ; de plus
7 Rappel du problème	Attentes et mise en garde Rappel du rôle de député(e)	j'aimerais / je voudrais + *infinitif* / que + *subjonctif* je vous serais reconnaissant(e) de bien vouloir… si / au cas où + *conditionnel* à moins que + *subjonctif* enfin / pour conclure
8 Formule de politesse	Quelle formule finale est la mieux adaptée à vos rapports avec le / la député(e)?	
9 Signature		

5.3 Conflits et paix

Quel est l'impact des guerres sur les jeunes ?

Enfants dans la guerre

1 Activité lexicale

La guerre

1   Complétez le tableau suivant avec des mots de la même famille.

	Verbe	Nom (action ou chose)	Nom (personne)
Exemple	*agresser*	*l'agression (f)*	*l'agresseur (pas de féminin)*
a	assaillir		
b		l'attaque (*f*)	
c			le / la blessé(e)
d	bombarder		le bombardier (*pas de féminin*)
e		le combat	
f			le / la conquérant(e)
g	défendre		
h		l'emprisonnement (*m*) / la prison	
i			l'envahisseur (*pas de féminin*)
j	espionner		
k		l'occupation (*f*)	
l			le / la résistant(e)
m	tirer		
n		la trahison	
o			le tueur / la tueuse

5

La paix

2   Trouvez l'intrus et justifiez votre choix.

Exemple : une branche d'olivier – une colombe – ~~la faucille et le marteau~~ – une grue en origami .... *(la faucille et le marteau ne sont pas un symbole universel de la paix)* ....

a   un combattant – un diplomate – un médiateur – un négociateur

....

b   un attentat – un cessez-le-feu – la fin des hostilités – une trêve

....

c   un accord – une entente – un pacte – une rupture

....

d   se mettre d'accord – exercer son droit de veto – trouver un compromis – trouver un terrain d'entente

....

e   enterrer la hache de guerre – passer l'éponge – tourner la page – rayer de la carte

....

Les enfants-soldats

2 Grammaire en contexte

Les pronoms relatifs composés

	Pronoms relatifs		
Masculin singulier	lequel	auquel	duquel
Féminin singulier	laquelle	à laquelle	de laquelle
Masculin pluriel	lesquels	auxquels	desquels
Féminin pluriel	lesquelles	auxquelles	desquelles

Lequel, laquelle, lesquels, lesquelles

Ces pronoms remplacent des choses et sont utilisés après une préposition :

avec	en	selon
chez	entre	sous
dans	malgré	sur
d'après	par	vers
devant	sans	

Exemple : *Les données **sur lesquelles** cette étude est basée montrent que le phénomène connaît une croissance spectaculaire.*

Pour les personnes, on utilise en général *qui* :

>   **Exemple :** *La spécialiste **avec qui** j'ai discuté travaille pour l'Unicef.*

Auquel, à laquelle, auxquels, auxquelles

Ces pronoms remplacent des choses et sont introduits par la préposition *à* :

assister à	participer à	s'intéresser à
croire à	penser à	soumettre à
faire allusion à	répondre à	tenir à
faire référence à	se heurter à	travailler à

>   **Exemples :**
>
>   *La guerre civile **à laquelle** cet article fait référence a eu lieu entre 1992 et 1995.*
>
>   *Le sujet **auquel** je m'intéresse est peu abordé dans les médias.*

Ils peuvent aussi être introduits par des locutions prépositives contenant *à* :

face à	grâce à	jusqu'à	par rapport à

>   **Exemple :** *La fondation **grâce à laquelle** j'ai obtenu une bourse veut promouvoir la résolution pacifique des conflits.*

Pour les personnes, on utilise en général *à qui* :

>   **Exemple :** *Le ministre **à qui** nous nous sommes adressés n'a pas répondu à notre question.*

Duquel, de laquelle, desquels, desquelles

Ces pronoms remplacent des choses et sont introduits par une locution prépositive contenant *de* :

à cause de	à partir de	auprès de	loin de
à côté de	à propos de	autour de	près de
à droite de	au cours de	en dépit de	
à gauche de	au delà de	en face de	
à la fin de	au moyen de	en haut de	
à l'occasion de	au sujet de	en raison de	

>   **Exemple :** *La pétition **au moyen de laquelle** nous avons essayé de mobiliser le public n'a malheureusement pas eu l'effet escompté.*

Pour les personnes, on utilise en général *de qui* :

>   **Exemple :** *L'avocate à côté **de qui** j'étais assis m'a raconté ce qui s'était passé au tribunal ce jour-là.*

Ahmadou Kourouma :
« La guerre n'est pas un jeu d'enfant ! »

Le romancier ivoirien Ahmadou Kourouma, lauréat de nombreux prix littéraires pour son roman *Allah n'est pas obligé* qui raconte l'histoire d'un enfant-soldat, a accepté de répondre à quelques questions.

À quoi fait référence le titre de votre livre, *Allah n'est pas obligé* ?

C'est l'histoire d'un jeune homme, Birahima, qui n'a pas eu de chance. Il a perdu ses parents très tôt. Il est obligé de voyager très jeune et se retrouve embarqué dans une guerre tribale où il devient enfant-soldat. Mais il se dit que puisque Allah n'a pas été juste à son égard, il n'est pas obligé de l'être à l'égard de tous ceux qu'il croise sur Terre. Cela illustre le fatalisme musulman. Et le fait que l'homme est responsable de son destin. Il fait ce qu'il veut.

Qu'est-ce qui vous a poussé à choisir le thème des enfants-soldats ?

En fait, c'est quelque chose qui m'a été imposé par des enfants. Quand je suis allé en Éthiopie, j'ai participé à une conférence sur les enfants-soldats de la corne de l'Afrique. J'en ai rencontré qui étaient originaires de la Somalie. Certains avaient perdu leurs parents et ils m'ont demandé d'écrire quelque chose sur ce qu'ils avaient vécu. J'ai travaillé sur le Liberia et la Sierra Leone.

Le fait d'emprunter le langage d'un enfant de 11 ans se répercute sur votre façon d'écrire...

Les réalités que vivent les enfants-soldats n'ont rien de poétique. Je considère que les guerres tribales comme celles de Sierra Leone et du Liberia sont à mettre parmi les événements les plus atroces de cette fin de siècle. C'est pour ça que j'ai choisi de les faire raconter par un enfant. Présentées dans toute leur nudité, ces réalités sont terribles.

Faire parler un enfant, c'est faire paraître la violence moins crue. Même si ce n'est pas facile. Car les enfants-soldats sont des enfants tueurs, capables d'une méchanceté et d'une violence terribles. Ils n'ont rien à perdre. Ils n'ont plus leur père, leur mère – certains m'ont dit que parfois, pour se faire recruter, on exigeait qu'ils tuent leurs parents. D'un autre côté, ils conservent l'innocence des enfants. Ils ne connaissent rien et on les exploite. Ils commettent des actes terribles sans en percevoir les conséquences. Je crois que c'est cette innocence qui est le sentiment le plus difficile à traduire.

Propos recueillis par Héric Libong
© *Planète Jeunes* N° 49

1 Les phrases suivantes reprennent des idées exprimées dans l'interview d'Ahmadou Kourouma. Complétez-les à l'aide des pronoms relatifs *lequel*, *laquelle*, *lesquels*, *lesquelles* ou *qui*.

a Ahmadou Kourouma, avec .... nous nous sommes entretenus, a accepté de nous parler de son dernier roman.

b En lisant le roman *Allah n'est pas obligé*, nous pouvons comprendre les raisons pour .... Birahima devient enfant-soldat.

c Les pays sur .... Ahmadou Kourouma a travaillé sont le Liberia et la Sierra Leone.

d Notre époque a connu des événements atroces parmi .... il ne faut pas oublier les guerres tribales en Afrique.

e Les chefs de guerre pour .... ces enfants travaillent les forcent à commettre des actes terribles.

f La méchanceté avec .... ils agissent montre bien qu'ils n'ont plus rien à perdre.

2 Les phrases suivantes reprennent des idées exprimées dans l'interview d'Ahmadou Kourouma. Complétez-les à l'aide des pronoms relatifs *auquel, à laquelle, auxquels, auxquelles* ou *à qui*.

   a Les questions .... Ahmadou Kourouma a répondu portaient sur son roman *Allah n'est pas obligé*.

   b Le fatalisme .... Birahima croit lui permet de justifier ses actes.

   c Pendant la conférence .... Kourouma a participé en Éthiopie, des enfants-soldats ont témoigné.

   d Les épreuves .... on soumet les enfants-soldats sont d'une cruauté inouïe.

   e Les enfants .... on ordonne de tuer leurs propres parents sont ensuite prêts à tout.

   f La principale difficulté .... Kourouma s'est heurté a été de traduire l'innocence de Birahima.

3 Les phrases ci-dessous reprennent également des idées exprimées dans l'interview d'Ahmadou Kourouma. Complétez-les à l'aide des pronoms relatifs *duquel, de laquelle, desquels, desquelles* ou *de qui*.

   a Le roman *Allah n'est pas obligé*, au sujet .... nous lui avons posé quelques questions, a remporté de nombreux prix littéraires.

   b Des circonstances malheureuses, à cause .... le jeune Birahima doit quitter son pays, le laissent sans protection.

   c Il se trouve embarqué dans une guerre tribale au cours .... il devient enfant-soldat.

   d Ahmadou Kourouma a participé à une conférence à l'occasion .... des enfants-soldats lui ont demandé de raconter leur histoire.

   e Les témoignages à partir .... Kourouma a rédigé son roman venaient d'enfants somaliens.

   f Les chefs de guerre auprès .... les enfants trouvent refuge cherchent avant tout à les exploiter.

3 Activité écrite

Une interview

Avant la publication de son roman à succès *Allah n'est pas obligé*, l'auteur Ahmadou Kourouma rencontre un ancien enfant-soldat, Idriss, et lui demande de raconter sa vie en tant qu'enfant-soldat et d'expliquer ce qu'on pourrait faire pour mettre fin à cette situation.

Vous rédigez cette interview pour votre journal local. Quelques passages ont déjà été écrits pour vous. Suivez le format proposé et fournissez les réponses aux questions.

Rédigez de 250 à 400 mots pour les élèves de niveau moyen et de 450 à 600 mots pour les élèves de niveau supérieur.

IDRISS : TCHADIEN, 12 ANS ET ANCIEN SOLDAT

Avant la publication de son roman « Allah n'est pas obligé » au sujet des enfants-soldats, Ahmadou Kourouma a tenu à rencontrer Idriss, un ancien enfant-soldat. Tous deux étaient très impressionnés et flattés de se rencontrer. Nous avons eu l'honneur d'assister à cette rencontre.

Kourouma : Bonjour Idriss. Tu permets que je te tutoie ?

Idriss : Bonjour. Oui, bien sûr.

Kourouma : Je constate que tu es très jeune. Peux-tu me dire quel âge tu as exactement ? À quel âge es-tu devenu enfant-soldat ?

Idriss : ....

....

....

....

Kourouma : Dans quelles circonstances es-tu devenu enfant-soldat ?

Idriss : ....

....

....

....

Kourouma : Quel était ton rôle exactement ? As-tu tué des gens ?

Idriss : *(Il hésite)* ....

....

....

....

Kourouma : Que faisais-tu quand tu ne combattais pas ?

Idriss : ....

....

....

....

Kourouma : Qu'est-ce qui te manquait le plus ?

Idriss : *(Il a les larmes aux yeux)* ....

....

....

....

Kourouma : Quels souvenirs gardes-tu de ce passé abominable ?

Idriss : ....

....

....

Kourouma : Ne te sentais-tu pas victime de l'esclavage ?

Idriss : ....

....

....

....

Kourouma : Que faudrait-il faire, selon toi, pour empêcher ce fléau et pour libérer les enfants ?

Idriss : ....

....

....

....

Kourouma : Que fais-tu maintenant ?

Idriss : Grâce à l'Unicef, je ....

....

....

....

Mais, est-ce que je peux vous poser une question ?

Kourouma : *(Il sourit)* Oui, bien sûr.

Idriss : Pourquoi avez-vous décidé d'écrire ce roman et d'aborder ce thème ?

Kourouma : ....

....

....

....

Idriss : Merci beaucoup, j'ai été content de faire votre connaissance.

Kourouma : Merci à toi aussi et bonne continuation !

Dans notre prochaine édition, nous recevrons Bernard Kouchner, fondateur de Médecins sans Frontières. Cet homme aux multiples talents s'adressera à un groupe de collégiens du Collège Ferdinand Buisson dans la région parisienne.

5.4 Quel dilemme !

Quels sont les enjeux éthiques d'aujourd'hui ?
Comment les résoudre ?

Enjeux éthiques

1 Grammaire en contexte

La mise en relief

Pour faire ressortir une idée majeure, on peut faire passer un élément en début de phrase. Ce procédé s'appelle la mise en relief.

- Ce qui… , c'est… / ce sont…

- Ce que… , c'est… / ce sont…

- Ce dont… , c'est… / ce sont…

Exemples :

La politique du gouvernement actuel m'inquiète. *Ce **qui** m'inquiète, c'est la politique du gouvernement actuel.*

Les OGM m'inquiètent. *Ce **qui** m'inquiète, ce sont les OGM.*

Tu dois signer ta carte de donneur d'organes. *Ce **que** tu dois faire, c'est signer ta carte de donneur d'organes.*

J'ai peur du clonage. *Ce **dont** j'ai peur, c'est le clonage.*

1 Complétez les phrases suivantes avec *ce qui, ce qu' / que* ou *ce dont*.

   a .... me déplaît, c'est qu'on n'étiquette pas les produits contenant des OGM.

   b .... je veux, c'est que tu trouves une solution.

   c .... tout le monde discute en ce moment, c'est de la nouvelle loi sur la procréation assistée.

   d .... il faut éviter, c'est qu'un dictateur s'empare de cette technologie.

   e .... je me suis rendu compte, c'est que le problème est vraiment complexe.

   f .... est interdit, c'est le commerce des organes.

g .... vous craignez, c'est qu'on fabrique un jour des bébés sur mesure ?

h .... cette expérience démontre, c'est que la thérapie génique est porteuse d'espoir.

i .... est alarmant, c'est que la plupart des gens ne s'intéressent pas à ces enjeux.

j .... on a besoin, ce sont des règles éthiques strictes.

2 Transformez les phrases suivantes en utilisant un procédé de mise en relief.

a Je crains les progrès de la génétique.

Ce que je crains, ...

b Les risques de dérapage m'effraient.

....

c On doit absolument parler de cette technologie révolutionnaire.

....

d Je trouve inacceptable qu'on crée des enfants dans un laboratoire !

....

e Le manque de transparence des grandes entreprises pharmaceutiques me dérange.

....

f Je doute de la faisabilité de ce projet dans les prochaines années.

....

g Il faut que cela reste un choix individuel.

....

h On sait aujourd'hui que le clonage est difficile à réaliser.

....

i La société doit réexaminer les lois actuelles.

....

j Je suis sûre que l'expérimentation animale est nécessaire au progrès scientifique.

....

2 Activité lexicale

Bioéthique

Complétez l'article avec les mots ou expressions appropriés en les choisissant dans la liste proposée.

Collaborer ou non avec la police ?

Dans la nuit du 17 au 18 juillet, la jeune Caroline a été violée et assassinée dans la commune de Preaufort, en France. L'intime conviction des enquêteurs est que l'assassin connaissait bien les **[– Exemple –]**. Toutefois, après de minutieuses recherches, ils n'ont toujours aucun suspect convaincant. Aussi ont-ils décidé d'établir le **[– 1 –]** de tous les hommes âgés de 15 à 35 ans habitant la commune.

Pierre, ami de la victime, se demande s'il doit **[– 2 –]**. Il n'est pas le meurtrier et la police n'a aucune raison de le suspecter. Malgré sa révolte face au double crime infligé à son amie, il s'interroge face à cette **[– 3 –]** qui rend suspecte toute une population. Déjà, les gens se jaugent entre eux : qui va collaborer, qui va refuser ? Et si les autorités judiciaires avaient le droit d'imposer ce test ? Pour l'heure, elles promettent la **[– 4 –]** du fichier génétique à l'issue de l'enquête. Mais Pierre peut-il les croire ? Ne vont-ils pas quand même **[– 5 –]** ce fichier et l'utiliser à chaque fois qu'ils auront des indices génétiques ? Pierre se sentirait alors éternellement **[– 6 –]** aux yeux d'autrui.

Jaak Poot, Peter Raeymaekers, Karin Rondia, « Dossier éducatif – Lire dans mes gènes ? »
© Fondation Roi Baudoin, *www.kbs-frb.be*

BONNE NOUVELLE	DESTRUCTION	PERMIS DE CONDUIRE
CONSERVER	LIEUX	PROFIL GÉNÉTIQUE
COOPÉRER	MANIPULATION	SOULAGÉ
COUPABLES	MÉTHODE POLICIÈRE	SUSPECT
DÉMÉNAGER	PERDRE	

Exemple : ....*lieux*............

1 ....

2 ....

3 ....

4 ....

5 ....

6 ....

3 Activité écrite

Une page de journal intime

Lisez ce texte.

Savoir ou non ?

Franck a 30 ans et croque la vie à pleines dents. Il est très fier de ses enfants, Xavier et Sandra, âgés de six et trois ans. Mais Franck vit dans l'incertitude. Son père est mort il y a deux ans de la chorée de Huntington, une maladie insidieuse qui endommage des parties du cerveau. Pendant plus de 13 ans, Franck a assisté à sa lente dégradation intellectuelle et physique et à l'impuissance des médecins. Et s'il avait hérité de cette maladie ? La chorée de Huntington est une maladie héréditaire liée à une erreur dans le matériel génétique. Franck court donc lui aussi le risque d'en souffrir un jour : une (mal)chance sur deux. Il se ronge en se demandant s'il va lui aussi développer cette maladie incurable. Et s'il ne l'a pas transmise à ses enfants…

En pratiquant un test génétique, les médecins pourraient déterminer avec certitude si Franck est ou non porteur de cette anomalie génétique. Mais Franck hésite à faire ce test. À certains moments, il se dit qu'il aimerait savoir ce qui l'attend et pouvoir imaginer à quoi pourrait ressembler son avenir. Et puis à d'autres moments, il se demande à quoi bon savoir puisqu'il n'existe aucun traitement qui puisse enrayer la maladie, si maladie il y a.

Jaak Poot, Peter Raeymaekers, Karin Rondia, « Dossier éducatif – Lire dans mes gènes ? »
© Fondation Roi Baudoin, www.kbs-frb.be

Vous allez maintenant rédiger une page du journal intime de Franck, qui hésite à passer le test.
Avant de rédiger votre texte, réfléchissez aux questions suivantes.

1   En Belgique, où Franck habite, on ne peut obliger personne à faire un test génétique.
    Êtes-vous d'accord avec cette politique ?

2   Si le test se révèle positif, croyez-vous que Franck doive en communiquer le résultat à…

    a   sa femme ?

    b   ses enfants ?

    c   ses amis ?

    d   son employeur ?

    e   sa compagnie d'assurances ?

    f   sa banque ?

    Pourquoi (pas) ?

3   Dans votre pays, existe-t-il une loi qui protège la confidentialité des données génétiques ?
    Croyez-vous qu'une telle loi soit nécessaire ?

4   Selon vous, quelles précautions devraient être prises par le laboratoire qui pratique les tests
    génétiques ? Serait-il acceptable, par exemple, que les résultats soient envoyés par la poste ?

5   Imaginez que vous faisiez ce test et qu'il révèle que vous êtes porteur de la maladie. Comment
    cela affecterait-il votre vie actuelle ? Changeriez-vous quelque chose ?

6　Selon vous, les tests génétiques sont-ils fiables à 100 % ?

7　Et vous, que feriez-vous à la place de Franck ? Préféreriez-vous savoir ou ne pas savoir ?

Utilisez les expressions dans l'encadré ci-dessous pour bien exposer vos hésitations.

Je n'arrive pas à me faire à cette idée.	Je n'arrive pas à me décider.
Je ne sais pas trop quoi penser.	Je ne suis pas convaincu(e) que + subjonctif
Je ne crois pas que + subjonctif	Je ne suis pas du tout certain(e) que + subjonctif
J'ai du mal à imaginer que…	Je me demande si…
L'ennui, c'est que…	Ce qui me préoccupe, c'est…
Ce qui me stresse, c'est…	Je crains de + infinitif
Que va-t-il se passer si… ?	Peut-être que + indicatif

Rédigez maintenant votre texte. Écrivez de 250 à 400 mots pour les élèves de niveau moyen et de 450 à 600 mots pour les élèves de niveau supérieur.

Après avoir rédigé votre texte, servez-vous de la liste de vérification 11B au chapitre 6 du manuel pour vous assurer que vous avez utilisé tous les éléments nécessaires à la réalisation d'une page de journal intime.

Mon bébé a grandi dans le ventre d'une autre

4　Activité lexicale

La gestation pour autrui

Trouvez, dans la liste ci-dessous, le mot ou l'expression qui correspond à chacune des définitions suivantes.

l'accouchement (*m*)	une femme enceinte
le chantage	un geste altruiste
un couple infertile	la grossesse
un long délai d'attente	l'insémination artificielle (*f*)
le développement de réseaux parallèles	l'instinct maternel (*m*)
un don de sperme	la marchandisation du corps des femmes
un don d'ovocyte	la mère éleveuse
le droit de disposer de son corps	la mère génétique
l'exploitation des plus vulnérables (*f*)	la mère porteuse / la mère gestatrice

accoucher	offrir un dédommagement à qqn (pour qqch)
avoir les moyens de faire qqch	ouvrir la porte à des dérives
confier un enfant à qqn	porter un enfant
congeler ses propres ovocytes	rétribuer / rémunérer qqn (pour qqch)
encadrer une pratique	soulever des questions d'ordre éthique
interdire une pratique	tirer un bénéfice financier de qqch

a   Femme qui donne un ovocyte   ....

b   Payer quelqu'un   ....

c   Période pendant laquelle une femme porte un enfant   ....

d   Fixer les limites d'une action   ....

e   Entraîner des conséquences indésirables   ....

f   Donner naissance   ....

g   Profiter financièrement de quelque chose   ....

h   Une action généreuse et désintéressée   ....

i   Menace faite dans le but d'obtenir quelque chose   ....

j   Exploitation commerciale du corps féminin   ....

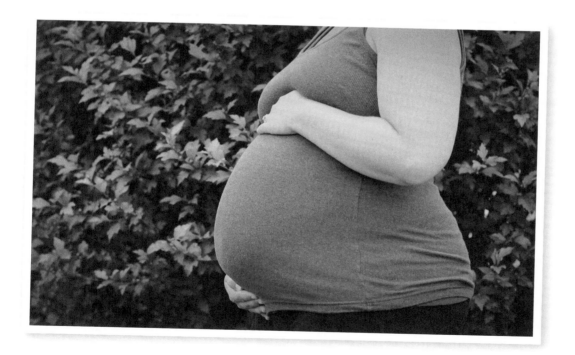

5

La fin de vie

5 Activité lexicale

L'euthanasie

Trouvez, dans la liste ci-dessous, le mot ou l'expression qui correspond à chacune des définitions suivantes.

l'acharnement thérapeutique (*m*)	abréger les souffrances de qqn
la crainte de poursuites judiciaires	agir à la demande du patient
la dignité humaine	débrancher le respirateur artificiel
l'eugénisme (*m*)	être apte à prendre une décision
l'interruption des traitements médicaux (*f*)	être atteint d'une maladie mortelle / incurable
un(e) mourant(e)	être dans le coma
un meurtre	être dans un état végétatif
la perte des capacités physiques et / ou mentales	être un fardeau (pour les autres)
les proches (*m pl*)	maintenir qqn en vie
le respect de la vie	mourir dans la dignité
les risques de dérapage (*m pl*)	prolonger la vie
le serment d'Hippocrate	provoquer délibérément la mort de qqn
les soins palliatifs (*m pl*)	sauver une vie coûte que coûte
le suicide assisté	se savoir condamné(e)
	trouver un remède
	voir la mort comme une délivrance

a   l'entourage ....

b   engagement que prennent les médecins
    de toujours respecter les règles morales
    dans l'exercice de leur profession ....

c   poursuite de traitements jugés futiles
    ou disproportionnés par rapport à
    l'amélioration attendue ....

d   représenter une charge ....

e   être conscient qu'on va bientôt mourir ....

f   être capable de choisir ....

g   homicide volontaire ....

h   personne qui va mourir ....

i   arrêter l'assistance respiratoire ....

j   faire ce que le malade souhaite ....

Acknowledgements

The authors and publishers acknowledge the following sources of copyright material and are grateful for the permissions granted. While every effort has been made, it has not always been possible to identify the sources of all the material used, or to trace all copyright holders. If any omissions are brought to our notice, we will be happy to include the appropriate acknowledgements on reprinting.

Unité 1.2 extrait « Foire Aux Questions » de Sarah Gysler, https://laventurierefauchee.com, le premier livre de Sarah Gysler – Petite, paru en 2018 – aux Éditions des Équateurs (Paris); Unité 2.4 texte adapté « Entretien avec Omar Ba » Europa Forum, www.europaforum.lu; Unité 4.3 extrait « Le service civique pour Emilie, 22 ans » tiré de « Un Break, après le bac, oui mais lequel ? » Version Femina © Anne Lamy/ Version Femina Sud Ouest/ Scoop; Unité 4.4 article « Cognac: deux tentatives de vol tournent court » Jonathan Guérin, 10 mai 2017, Sud Ouest. www.sudouest.fr

Thanks to the following for permission to reproduce images:

Cover Sean Drakes/LatinContent/Getty Images

Inside Bastinda18/Getty Images; A-Digit/Getty Images; Compassionate Eye Foundation/Chris Windsor/Getty Images; Cara Olinger/Getty Images